David Steindl-Rast

Common Sense

David Steindl-Rast

Common Sense

Die Weisheit, die alle verbindet
Sprichwörter der Völker

Aus dem Amerikanischen übersetzt
von Bernardin Schellenberger

Claudius

Titel der amerikanischen Originalausgabe:
Brother David Steindl-Rast, Words of Common Sense for Mind, Body and Soul
Erschienen im Verlag Templeton Foundation Press, Philadelphia & London

Bibliografische Informationen Der Deutschen Nationalbibliothek
Die Deutsche Nationalbibliothek verzeichnet diese Publikation in der Deutschen Nationalbibliografie; detaillierte bibliografische Daten sind im Internet über <http://dnb.d-nb.de> abrufbar.

2. Auflage 2014

Birkerstraße 22, 80636 München
www.claudius.de

Umschlaggestaltung: Guter Punkt, München
Umschlagfoto: © joeiera / istockphoto
Druck: BELTZ Bad Langensalza GmbH, Bad Langensalza

ISBN 978-3-532-62398-5

Inhalt

Vorbemerkung des Übersetzers

In diesem Buch lotet David Steindl-Rast die spirituellen Tiefen des englischen Begriffs *Common Sense* aus: Dabei spielt er mit Gedankenverknüpfungen und paradoxen Redewendungen.

Common Sense heißt korrekt ins Deutsche übersetzt „gesunder Menschenverstand“, allgemeiner auch „Gemeinsinn“. Beide Begriffe taugen jedoch nicht für die Entdeckung in diesem Buch. *Common Sense* lässt sich überhaupt nicht angemessen ins Deutsche übersetzen, ohne dass Bedeutungsnuancen auf der Strecke bleiben. Beispielsweise verliert Sir John Templetons Spruch *Common sense is not common* seinen Witz, wenn er mit „Gesunder Menschenverstand ist nicht allgemein verbreitet“ übersetzt wird.

Im Begriff *Common Sense* schwingen unterschiedliche Bedeutungen mit: allgemein richtiges, gesundes Empfinden, stärker noch: Sinn für das Ganze, Gespür für die Verbundenheit mit allem, von allen als wahr und richtig Erkanntes, Sinn für die Vernetzung und Gemeinschaft des gesamten Kosmos, alle und alles verbindender tiefster inspirierender Sinn.

Dieser Aspekt des *Common*, des Gemeinsamen, des Verbundenen und Verbindenden, der Vernetzung des gesamten Universums, ist ein zentrales Thema heutiger Spiritualität und genau davon handelt dieses Buch. Der deutsche

Der erhobene Blick sieht keine Grenzen.
Japanisch

Begriff „gesunder Menschenverstand“ drückt diese Bedeutung nicht aus, jedenfalls nicht vordergründig. Genau besehen geht es natürlich auch beim gesunden Menschenverstand um mehr als den bloßen Verstand: Es geht um den *Menschen*verstand, und zwar den gesunden, und dieser nährt sich letztlich aus dem, womit wir Menschen uns als verbunden erleben: aus dem Gespür für das Ganze und für die eine, gemeinsame Wahrheit der Dinge und des Lebens.

Die deutschen Übersetzungen „Gemeinsinn“ oder „Gemeinsamkeit“ können ebenfalls nicht angemessen wiedergeben, was mit *Common Sense* gemeint ist. „Gemeinsinn“ lässt zu vordergründig an soziales und politisches Engagement, Ehrenamt und Sorge umeinander denken, während *Common Sense* das Gespür und die Inspiration meint, die dazu führen. Ähnlich vordergründig bleibt „Gemeinsamkeit“.

Daher wird es das Beste sein, den Begriff *Common Sense* in der deutschen Ausgabe dieses Buches als eine originelle Perle der englischen Sprache beizubehalten. Er macht uns reicher; jede Übersetzung ließe uns ärmer bleiben.

Die Grundlagen für die vorliegende Übersetzung waren die englische Ausgabe des Werks sowie das Manuskript einer älteren deutschen Textfassung aus der Feder des Autors selbst.

Die Bibelzitate orientieren sich an der ökumenischen Einheitsübersetzung von 1980. Allerdings macht der Sinnzusammenhang gelegentlich leichte Formulierungsänderungen notwendig.

Bernardin Schellenberger

Einführung

von Thomas Moore*

Seit Langem habe ich nichts derart aufregend Neues und Hilfreiches gelesen wie die folgenden Ausführungen von Bruder David über den *Common Sense.* Viele Autoren schreiben über Weisheit, als wäre sie nur nach vielen Jahrzehnten des Studierens und Meditierens zu gewinnen. In Wahrheit ist *Common Sense* jedem unmittelbar zugänglich. Jung oder alt, praktisch veranlagt oder eher verträumt, Akademiker oder „Salz der Erde" – jeder Mensch kann sich eines gesunden *Common Sense* erfreuen. Bruder David schreibt für Sie und für mich, ja unterschiedslos für alle, die ein von Sinn und Freude erfülltes Leben führen wollen. Er gewinnt dem Begriff *Common Sense* eine Tiefe ab, an die der gemeine Wortsinn auch nicht im Entferntesten heranreicht.

Zwei besondere Neurosen des modernen Lebens lassen uns alles andere sein als *common,* also „gewöhnlich" und zugleich „in Übereinstimmung": Narzissmus und Depression. Narzissmus entsteht, weil die moderne Welt uns nicht als je besondere Mitglieder einer Gemeinschaft behandelt, sondern wie Rädchen in einer großen sozialen Maschine. Dies führt zu Schwierigkeiten mit unserem Individualismus. Depression entwickelt sich häufig, weil wir trotz aller Annehmlichkeiten und Unterhaltungsmöglichkeiten durch moderne Medien weithin nicht mehr zu jener einfachen

* Thomas Moore, Jahrgang 1946, amerikanischer Hochschullehrer, Theologe, Musikwissenschaftler und Psychotherapeut, Autor zahlreicher Bestseller zum Thema Spiritualität.

Ein wahrer Gelehrter schämt sich nicht, einen einfachen Mann zu fragen.

Chinesisch

Freude darüber fähig sind, lebendige Wesen und mit der Welt der Natur und untereinander im Einklang zu sein. Beide Neurosen zeigen symptomatisch, dass uns das Zusammengehörigkeitsgefühl verloren gegangen ist.

Ein narzisstischer Mensch will – auf unbeholfene Weise und letztlich vergeblich – ein Besonderer sein. Dazu muss er sein Vorhandensein eigens herauskehren: „Seht, was ich alles kann! Ich bin etwas Besonderes, ich bin auserwählt, liege in allem richtig und du nicht!" Der Narzisst glaubt zu wissen, wie alle anderen zu denken und zu leben haben – nämlich so wie er. Dagegen empfindet ein Mensch, der aus dem Geist des *Common Sense* lebt, Freude dabei, die Weisheit mit allen anderen zu teilen. Er ist bereit, von seinem Nächsten zu lernen, genau wie auch er an andere etwas weitergeben kann.

Natürlich ist auch hier wie in allem, was mit *Common Sense* zu tun hat, ein Paradox im Spiel: Als ein Jemand kann sich nur fühlen, wer aktives Mitglied einer Gemeinschaft ist. Der Narzisst ist nicht fähig, sich in die Gemeinschaft einzubringen. Er träumt davon, außergewöhnlich und aufsehenerregend erfolgreich zu sein. Wer dagegen mit sich selbst gut auskommt, kann sich bei anderen daheim fühlen. Er hat ein Gespür dafür, wie schön und bereichernd es ist, Mitglied des Menschengeschlechts und in die Gemeinschaft mit anderen Lebewesen eingebunden zu sein.

Er freut sich, dass es andere gibt und wenn sie erfolgreich sind. Es ist ihm ein Anliegen, dass alle Arten überleben, und er träumt davon, Teil des friedlichen Miteinanders von Wolf und Lamm zu sein. Während meiner langjährigen Praxis als Psychotherapeut haben mir viele Menschen erzählt, wie gedankenlos sie im Traum Tiere geschlagen oder getötet haben – einfach weil sie da waren. Nur ein wenig *Common Sense* würde genügen, um uns in Harmonie mit der Natur leben zu lassen.

Eine ähnliche Misere zeigt sich in dem Kult um Berühmtheit. In Gegenwart einer berühmten Persönlichkeit entwickeln „normale" Menschen nicht selten Anzeichen einer geradezu krankhaften Manie. Berühmte Persönlichkeiten dagegen fühlen sich oft einsam und von den gewöhnlichen Menschen abgegrenzt. Sie erleben sich ausgeschlossen davon, *common* zu sein. Zugleich aber empfinden sie Erfüllung und Befriedigung darüber, dass sie sich vor allen anderen auszeichnen. Viele Menschen, die nie berühmt sein werden, fühlen sich zum Gewöhnlichsein verurteilt und ihr Traum, jemals aus der Masse herauszuragen, wird sich nie erfüllen.

Sowohl von der Gier nach Individualität als auch von der Traurigkeit über ein Dasein als Kollektivwesen können wir uns nur lösen, indem wir die Aufspaltung zwischen einem Leben in Außergewöhnlichkeit und dem Leben in

Gemeinschaft überwinden. Dabei ist konkretes Handeln gefragt. Ein einsamer Mensch, der verzweifelt nach Liebe und einer eigenen Identität hungert, kann den gesuchten Schatz durch tätiges Engagement finden. Denn hier gilt ein weiteres Paradox: Man findet sein kostbares Ich, indem man es hergibt. Die Seele lässt sich nicht in der Leere der eigenen Persönlichkeit finden, wohl aber im notvollen und verworrenen Leben der Mitmenschen, in den Not leidenden Kindern und Erwachsenen, die versuchen, irgendwie über die Runden zu kommen. Seinem eigenen Leben Sinn zu geben gelingt am besten, indem wir zum sinnvollen Leben eines Mitmenschen beitragen.

Common Sense ist der Sinn für das Gemeinsame, das Gespür dafür, dass sich in Beziehungen entdecken lässt, wer und was man ist, und zwar in Beziehungen nicht nur zu Menschen, sondern zu allem Sein. Deshalb gefallen mir die vielen Sprichwort-Perlen so gut, die Bruder David gesammelt hat: Sie machen auf unkomplizierte, witzige und fantasievolle Weise zum Thema, was wir alle an irgendeinem ganz gewöhnlichen Tag in unserem ganz gewöhnlichen Alltag erleben können. Sie sind keine Regeln für einen ausgewählten Menschenkreis, sondern gelten für alle. Man könnte sie als „archetypisch“ oder „mythisch“ bezeichnen. Sie bringen uns mit unserem Menschsein in Berührung und lassen uns Alltagssituationen mit ganz neuen Augen sehen.

Gott ist mit den Schwachen,
damit sich der Starke ein Beispiel nehme.
Arabisch

Werden diese Sprichwörter mit den Gleichnissen Jesu verknüpft, wird deutlicher sichtbar, welch wichtige Rolle die Religion im ganz gewöhnlichen gemeinsamen Leben – im *Common Life* – spielt. Religiöse Gruppierungen leiden unter denselben modernen Neurosen wie der Einzelmensch. Sie sehen sich im ständigen Wettbewerb mit anderen und meinen deshalb, ihren besonderen Anspruch auf die Wahrheit hervorheben zu müssen. In ihrer geradezu verzweifelten Anstrengung, etwas Besonderes zu sein, vergessen sie oft den *Common Sense,* ja sie stellen sich regelrecht gegen ihn. Nichts aber ist mehr *common,* also allgemeingültig, als spirituelles Leben und die reiche Vorstellungskraft der Religionen. Jede Tradition spricht jeden Mann, jede Frau und jedes Kind auf Erden an. Der Unterschied der Ausdrucksweisen zeigt gerade den Reichtum der Vorstellungskraft, aus der der *Common Sense* seine Stärke und Überzeugungskraft schöpft.
Ein weiteres Paradox: Gerade in ihrer je besonderen Ausdrucksweise sprechen die verschiedenen Traditionen alle Menschen an. Ich halte nichts von der Bestrebung, alle Religionen gleich klingen zu lassen. Ihre Gemeinsamkeit liegt in ihrer Verschiedenheit. Ein Esperanto des spirituellen Lebens, eine künstlich geschaffene Sprache der Tugend und Weisheit wäre eine Karikatur des *Common Sense.* Wenn man bei Jesus, Mohammed und dem Buddha

Überall auf der Welt
lieben Eltern ihre Kinder.
Chinesisch

gemeinsame Anliegen und Lehren entdeckt, zeigt sich darin eine besondere Schönheit und Überzeugungskraft, aber das gilt für alle kostbaren Unterschiede und einzigartigen Wege und Lehren. *Common Sense* ist kein intellektueller Eintopf aus nahrhaften geistreichen Einsichten und kein Einheitsbrei aus lauter kleingehackten Wahrheiten. *Common Sense* ist die unmittelbar einleuchtende Wahrnehmung, wie unter den gegenwärtigen Umständen alles auf dem Globus beschaffen ist.
In einer Welt, die vor allem durch den Einsatz der Kommunikationsmittel und das Reisen eng zusammengerückt ist, ist für den Umgang mit Konflikten und Problemen *Common Sense* unerlässlich. Staatsführer und Politiker neigen dazu, alles viel zu kompliziert zu machen, sodass wir es nie zu einem positiven und dauerhaften Frieden bringen können. Dabei sind die anstehenden Themen ganz einfach: Wir alle wünschen uns ein Leben in Fülle. Wir möchten, dass unsere Kinder sicher, gesund und glücklich leben können. Wir sind alle Mäuse aus dem gleichen Loch. Eine Hand wäscht die andere. Jede Hütte hat ihre Stechmücke. Ein einzelner Armreif klirrt nicht.
Nur der *Common Sense,* und zwar in dem von Bruder David definierten Sinn, könnte uns aus den Konflikten herausbringen, in die uns die Rassenvielfalt, die Geschlechterdifferenz und die Sexualität stürzen. Er könnte die

Probleme der Armut und des Hungers in der Welt lösen, aber offensichtlich verfügen wir nicht über diesen *Common Sense* und können ihn daher nicht einsetzen. Verfallen wir deshalb auf *Uncommon Sense* – auf Ansätze ohne Gemeinsinn –, schieben wir die Probleme bloß vor uns her. Wir sperren uns gegen die offensichtlichen Lösungen, denn diese Lösungen würden ja den *status quo* gefährden, der eben auf Ungleichheit beruht. Genau aus diesem Grund drücken wir uns um den *Common Sense* – er würde uns die notwendigen Veränderungen zumuten.

Selten hat mich ein Buch derart bereichert wie das hier vorliegende. Spontan spüre ich seine elementare Kraft. Bruder David hat das nicht über Nacht geschrieben. Dieser Text ist der Ertrag eines langen Lebens voller Nachdenken und Erfahrungen mit einem Thema, das unendlich wichtiger und praxisbezogener ist, als man auf den ersten Blick meinen könnte. Bruder David hat den üblicheren Weg einer künstlich komplexen Darstellung vermieden und stattdessen seinen Pfad im Gewöhnlicheren – im *Common Way* – gefunden, einem subtilen und tiefgründigen Weg. Er schreibt über das Mitdenken und Mitempfinden mit unseren Mitgeschöpfen und das Entdecken von Lösungen für unsere Probleme, die zutiefst im Einklang mit unserem Menschsein stehen.

Was ist *Common Sense*?

Ist die Maus satt,
schmeckt das Mehl bitter.
Deutsch

Wer satt ist,
dem sind die Kokosnussschalen hart.
Äthiopisch

Fehlt die Brücke,
wird die schmalste Planke kostbar.
Ungarisch

Nicht jede schwarze Wolke bringt Regen.
Haya, Ostafrika

Zähle deine Hühner nicht,
bevor sie Eier legen.
Englisch

Sprich nicht vom Weizen,
solange er nicht geerntet ist.
Arabisch

Der Ochsenfrosch weiß mehr vom Regen
als der Wetterkalender.
Afroamerikanisch

Dass eine Stange morsch ist,
merkt so mancher
erst beim Draufsitzen.
Afroamerikanisch

Um ein Pfund Gelerntes anzuwenden,
braucht es zehn Pfund
gesunden Menschenverstand.
Persisch

Ein alter englischer Spruch lautet: *Common sense is anything but common* – „*Common Sense* ist alles andere als üblich." Darin steckt viel Wahres. Nach Belegen müssen wir nicht lange suchen: Vieles von dem, was in unserer Welt gesagt und getan wird, beruht ganz gewiss nicht auf *Common Sense.*

Dessen werden wir uns in aller Klarheit bewusst, wenn wir den Verstand einsetzen, über den wir selbst verfügen. Wir haben ihn sehr wohl, nur halten wir uns nicht an ihn. Eine schlichte Redewendung zeigt, dass wir um dieses Spannungsverhältnis wissen. Da schüttelt ein Freund uns an den Schultern und ruft uns verzweifelt zu: „Um Himmels willen, besinn dich doch endlich auf deinen gesunden Menschenverstand", deinen *Common Sense!* Das impliziert doch, dass wir durchaus den *Common Sense* hätten, den wir brauchen, wir müssten ihn nur wirklich einsetzen. Nicht an *Common Sense* fehlt es, sondern an der Bereitschaft, ihm entsprechend zu leben.

Warum ist das so? Worin besteht unser Problem? Wenn wir sagen, wir müssten bloß unseren gesunden Menschenverstand benutzen, und das in dem Sinn meinen, wie wir einen Schraubenschlüssel handhaben, um ein undichtes Wasserrohr zu reparieren, sind wir auf dem Holzweg. Wirklich *Common Sense* einzusetzen bedeutet viel mehr: Es bedeutet, aus ihm heraus zu leben, ihn zu atmen,

Wer schwimmen lernen will,
muss ins Wasser springen.
Chinesisch

so wie wir die Luft atmen, an der alle Lebewesen Anteil haben.

Seinen gesunden Menschenverstand anzuwenden heißt, gemäß etwas Verstandenem zu leben. „Verstehen" ist eine Intensivform von „Stehen". Um etwa den Wald zu verstehen, müssen wir tief in ihm stehen, lange und still. Oder um den Fluss zu verstehen, müssen wir in ihn eintauchen, uns in ihm versenken – so wie in Musik oder in ein Buch, das wir verstehen wollen. Um einen Berg zu verstehen, genügt es nicht, seinen Namen zu kennen oder vom Tal aus hinaufzuschauen, sondern wir müssen ihn besteigen, müssen auf dem Gipfel stehen. Und so müssen wir auch mit beiden Füßen in der Welt stehen, bevor wir sie verstehen können als das Haus, das Heim, zu dem sie uns wird, wenn wir unseren Hausverstand, unseren gesunden Menschenverstand, unseren *Common Sense* anwenden.

Unsere Vernunft vernimmt nur den Auftrag; unser Verstand führt den Auftrag aus. Gesund kann unser Menschenverstand nur sein, wenn er sich nicht allein im Hirn befindet, sondern von Herzen kommt – vom Herzen als dem innersten Lebensbereich, in dem wir mit allem Leben auf der Welt zutiefst eins sind.

Bevor wir *Common Sense*-Gedanken haben können, müssen wir also ein Gespür für das entwickeln, was *common,* was uns allen gemeinsam ist. Wie sollten wir denn erwarten können, dass *Common Sense* in unsere Köpfe einzieht, wenn wir unsere Herzen noch gar nicht weit aufgetan, noch nicht tief durchgeatmet und noch kein Gefühl dafür bekommen haben, was uns allen gemeinsam, was uns allen *common* ist?

Um uns die Gemeinsamkeit allen Lebens deutlich vor Augen zu führen, brauchen wir uns bloß an einen Feldrain oder einen Waldrand zu setzen. Unser Blick fällt auf Wiesen, Sträucher und Bäume. Je genauer wir aber hinschauen, desto mehr entdecken wir.

Die Wiese besteht aus Gräsern und unzähligen Kräutern und Blumen: Da wachsen Wegerauten, Löwenzahn, Hahnenfuß, Wiesenschaumkraut und Thymian; dazwischen hat sich Moos angesiedelt, in dem Ameisen umherkrabbeln. In einer Astgabel der Haselstaude spannt eine Spinne ihr Netz. Ein Rotkehlchen hüpft von Zweig zu Zweig. Käfer klettern über grobe von Flechten bedeckte Steine. Alle diese Pflanzen und Tiere stehen in engster Wechselbeziehung zueinander und zu ihrer Umwelt, zu Erde und Sonnenlicht, Tau, Regen und Wind. Das Ganze funktioniert aber nicht nur mechanisch, sondern wird von einem gegenseitigen Einvernehmen gesteuert, zu dem jedes Lebewesen seinen Teil beiträgt – und das Ganze ist doch mehr als die Summe aller Teile. Die Wiese am

Waldrand ist ein einziger großer summender Haushalt und er wird zusammengehalten und gelenkt von einem einzigen vibrierenden *Common Sense.*

24 Doch machen wir uns nichts vor. Die Harmonie, wie wir sie in der Natur vorfinden, unterscheidet sich von unserem romantischen Wunschdenken. Der Löwe ruht keineswegs friedlich neben dem Lamm – und auch nicht das Rotkehlchen neben dem Regenwurm oder die Katze neben dem Rotkehlchen. Unser Begriff „Nahrungskette“ ist allzu steril-distanziert; er lässt uns die gnadenlose Tatsache vergessen, dass Lebewesen davon leben, einander zu töten und gegenseitig aufzufressen. Die Natur lebt nach dem großen Gesetz vom Fressen und Gefressenwerden.

Warum aber das Ganze nicht als einziges großes Mahl betrachten – sogar als Hochzeitsmahl? Die Geschöpfe feiern auf Kosten anderer, mit ihresgleichen sind sie in Intimität verbunden. Jede einzelne Blume auf der Wiese signalisiert in strahlender Unschuld ihre nackte Geschlechtlichkeit – bevor sie von einer Kuh gefressen wird. Das Gesumme und Gebrumme auf der Wiese ist Hochzeitsmusik. Jedes Lebewesen ist eingestimmt auf die Harmonie dieses grausam-freudigen Tanzes aller mit allen.

Alle – außer uns Menschen. Wir sind bei diesem Tanz die einzigen Ungeschickten, die einzigen, die aus Takt und

Im Graben ist der Maulwurf
dem Philosophen ein Lehrer.
Chinesisch

Rahmen fallen. In unserer Einzigartigkeit liegt unsere Größe, aber auch die Gefahr für uns. Wir neigen dazu, die Tatsache, dass wir anders sind, mit der Illusion zu verwechseln, dass wir außerhalb oder über dem anderen stehen. Plötzlich hören wir dann nicht länger den großen Rhythmus des Ganzen und geraten im kosmischen Tanz aus dem Takt.

Einfache Menschen haben es leichter. Dabei heißt einfach nicht einfältig oder ungebildet. Der Dalai Lama etwa zeigt das Beispiel echter Einfachheit, die sehr wohl mit höchster Bildung vereinbar ist. Nicht hohe Intelligenz steht der Einfachheit im Weg, sondern der Umstand, sich selbst zu wichtig zu nehmen – mit all seinen negativen Konsequenzen.

Je weniger wir uns selbst wichtig nehmen, desto einfacher werden wir. Wir lassen dann die engen Grenzen unseres kleinen Ichs hinter uns und betreten die weiten, offenen Räume unseres wahren Selbst. Einfachheit dieser Art schenkt uns innere Weite und ein immer tieferes Bewusstsein dessen, dass wir mit allem Lebendigen eins sind. Wer sich selbst nicht mehr so wichtig nimmt, atmet freier und gewinnt erst von da aus in der Einschätzung anderer wirklich an Gewicht. Menschen, die so leben, spürt man es an, dass sie sich im Universum zu Hause fühlen, und dann fühlt man sich auch bei ihnen zu Hause.

Die Art, wie man gibt, ist wichtiger als das, was man gibt.
Französisch

Sie sprechen so, dass auch der einfachste Mensch sie verstehen kann, denn sie sprechen mit dem gesunden Menschenverstand, mit dem *Common Sense.* Ein Schwei-

zer Sprichwort sagt es ausdrücklich: *Me cha mit em Veh rede, we mer Mänscheverstand het* – „Man kann mit dem Vieh reden, wenn man Menschenverstand hat."

Menschen zu begegnen, die dank ihres *Common Sense* diese Sprache fließend sprechen, ist eine Gnade. Ein solcher Mensch ist mir aus meiner Kindheit in Erinnerung geblieben: unsere bucklige Nachbarin, Frau Schliffsteiner. Sie konnte wirklich mit dem Rindvieh reden, aber auch mit Katzen und Hunden, mit ihren Ziegen, mit Spatzen, Tauben und Krähen, mit den Kröten im Garten und den Topfpflanzen auf ihrem Fensterbrett. Vor allem aber konnte sie mit allen Arten von Menschen reden: von Kurtl, dem gutmütigen Dorftrottel, bis zum Herrn Oberlehrer unserer zweiklassigen Volksschule, und der war wirklich jemand (er konnte sogar Klavier spielen). In aller Einfachheit begegnete sie jedem als einem Mitglied ihrer großen Familie, zu der ganz selbstverständlich auch Tiere und Pflanzen gehörten. Sie schien deren Geheimnisse zu kennen. Sie wusste über Kräuter Bescheid, aus denen sich Tee gegen dieses oder jenes Leiden bereiten ließ, und über die Blätter, die zur Heilung halfen, wenn wir Buben uns wieder einmal in den Finger geschnitten hatten. Früher hätte man sie wohl der Hexerei verdächtigt, sie war aber jedenfalls eine gute Hexe, eine weise Frau.

Ihre Nachbarn tranken gern Kaffee mit ihr und erzählten ihr stundenlang von allem, was ihnen auf dem Herzen lag. Nachher fühlten sie sich immer erleichtert. Eines steht jedenfalls fest: Niemand kam um ihres Kaffees willen, denn der war ein jämmerliches Gebräu aus allerhand Zusätzen und den wenigen Kaffeebohnen, die sie sich leisten konnte.

Was sie ihren Gästen gab, war ein Gefühl des Daheimseins. Bei ihr konnte man die heilsame Luft des *Common Sense* atmen. Das ist es ja, was wir zur Heilung von Leib, Seele und Geist brauchen. Ein indisches Sprichwort drückt es so aus: „Ein Viertel Medizin und drei Viertel *Common Sense*."

Common Sense wirkt heilend, weil er mehr ist als eine bestimmte Art des Denkens; er ist eine bestimmte Art, zu leben, zu handeln und alles so zu tun, wie es seinem eigentlichen Sinn entspricht, und es spontan zu tun, selbstvergessen, mühelos. Manchmal erleben wir das, wenn wir etwa beim Skifahren, beim Tanzen oder sogar beim Tippen auf dem Computer den Punkt erreichen, ab dem wir „in Schwung" kommen: Dann geht alles plötzlich wie von selbst; alles fließt mit Leichtigkeit, ereignet sich im richtigen Augenblick und ganz so, wie es sein soll. Wir müssen uns nur vorstellen, wie es wäre, wenn wir auf diese Weise in diesem Fluss bleiben und uns selbst dabei spontan selbst ganz vergessen könnten. Würde nicht die Kraft und Leichtigkeit dieses Fließens unseren Geist sprühen lassen, unserer Seele Frieden bringen, unserem Verstand Wachheit und unserem Leib Heilung? Das gelingt wohl nur wenigen über einen längeren Zeitraum, aber für uns alle ist das erstrebenswert.

Eine einzige Lebensspanne wird kaum ausreichen, um sich ganz auf die Harmonie des Universums einstimmen zu können. Aber bereits das Bewusstsein eines ersten Mitschwingens mit der Musik des Universums können wir so erleben, dass es uns vorkommt wie das Erwachen aus tiefem Schlaf und Traum.

Davon sprach bereits zu Beginn der griechischen Philosophie Heraklit: „Die Wachen haben eine einzige gemeinsame Welt, von den Schlafenden aber wendet sich jeder seiner eigenen zu.“ Die Bantu in Afrika drücken es in einem Sprichwort noch kräftiger aus: „Es gibt vierzig Arten des Verrücktseins, aber nur eine Art von gesundem Menschenverstand.“

Heraklit klagte: „Obwohl der Logos allen gemeinsam ist, leben die meisten so, als besäße jeder eine Privatintelligenz für sich.“ Und er fügte hinzu: „Wir sollten uns leiten lassen von dem, was allen gemeinsam ist.“ Dieses Leit-

Wer Großes will,
muss zuerst das Kleine tun.
Japanisch

prinzip, diese innere Weisung, „die alle Menschen der Welt zum Einklang der Herzen führt“, nannte Laotse „Dao“ (ältere Schreibweise: Tao). Dieser uns allen gemeinsame Sinn und Instinkt für das Richtige und für das kosmisch wie individuell Sinnvolle findet besonders treffend Ausdruck in dem englischen Begriff *Common Sense.*

Der *Common Sense* in Sprichwörtern

Eine Hand wäscht die andere.
Altrömisch

Ein Finger fängt keine Fliegen.
Afroamerikanisch

Eine Hand schnürt kein Bündel.
Basa, Ostafrika

Dem Händler genügt ein Auge,
aber der Käufer braucht hundert.
Baskisch

Es gibt mehr törichte Käufer
als törichte Verkäufer.
Belgisch

In drei Jahren kann man das Handeln lernen,
doch ein Leben reicht nicht,
ein guter Bauer zu werden.

Chinesisch

Das Herz ist es, das gibt;
die Finger lassen nur los.

Haya, Ostafrika

Ein gutes Herz
tut immer ein bisschen mehr
als nötig.

Chinesisch

Not kennt kein Gebot.
Holländisch

Glitschigen Fischen gleich entgleiten Sprichwörter den Fingern der Sprachwissenschaftler, die sie in den Netzen von Definitionen fangen wollen. Eines lässt sich jedoch mit Sicherheit sagen: Echte Sprichwörter sind immer nahrhaft, weil sie wie Brot in den Häusern von Menschen gebacken sind, die mit beiden Füßen auf dem Boden stehen. Der Duft von frischem Brot ist überall willkommen. Der Wind trägt ihn durchs offene Fenster von Haus zu Haus. In den Palästen der Reichen ist dieser Duft ebenso willkommen wie in den Hütten der Armen. „Jeder, der ein Sprichwort hat", sagen die Chinesen, „verdient Beachtung, sei er Mandarin oder Kuli." Sprichwörter sind Gemeingut weit voneinander entfernter geografischer Zonen, sie wandern von Land zu Land und von Sprache zu Sprache. Nicht einmal die fundamentalen Wechsel der einzelnen Geschichtsperioden vermögen die Sprichwörter aufzuhalten. Manche von ihnen sind durch völlig unterschiedliche Epochen hindurch Gemeingut geblieben und haben ihre Frische über Jahrtausende behalten.

Vor mehr als zweitausend Jahren schrieb der römische Denker Varro: *Non omnes qui habent citharam sunt citharoedi* – „Nicht jeder, der eine Harfe hat, ist ein Harfenspieler." Vielleicht hat er damit ein Sprichwort geprägt. Wahrscheinlicher ist allerdings, dass es damals schon lange im Umlauf war und er es nur aufschrieb. Jedenfalls

Es ist nicht alles Gold, was glänzt.
Deutsch

wurde es durch Varro berühmt und beliebt und seine Beliebtheit war so groß, dass ihm tausend Jahre später immer wieder neue Sprichwörter nachgebildet wurden, etwa: „Nicht jeder, der ins Horn stößt, ist ein Jäger"; „Nicht jeder, der ein großes Messer hat, ist ein Koch"; und auch: „Nicht jeder, der dir zulacht, ist dein Freund." In Holland war dieses letztere Sprichwort besonders beliebt (*Zijn niet alle frienden, die hem toelachen*). Anscheinend von dort aus gelangte es auf die Westindischen Inseln, wo es nach weiteren tausend Jahren immer noch unter den Nachkommen der Negersklaven als *They are not all friends who grin showing their teeth* fortlebt: „Nicht alle, die grinsend ihre Zähne zeigen, sind Freunde."

Es gibt eine Fülle von Sprichwörtern mit einer langen Geschichte. Bereits vor tausendfünfhundert Jahren zitierte Plutarch: „Jeder weiß selbst am besten, wo der Schuh drückt." Sein Zeitgenosse, der heilige Hieronymus, kannte das Sprichwort vom geschenkten Gaul, dem man nicht ins Maul schaut, bereits als althergebracht. Dieses Sprichwort war in der Sprache des einfachen Volkes formuliert, dem Vulgärlatein, das der Bibelübersetzung des Hieronymus den Namen „Vulgata" eintrug.

Es erstaunt mich immer wieder, wie gerade einfache Menschen überall und zu allen Zeiten so selbstverständlich Zugang zu dem *Common Sense* haben, der sich in

Sprichwörtern ausdrückt. Er ist ihnen so selbstverständlich, weil ihr gesundes Selbst sich als dem großen Welthaus zugehörig versteht. Die materiell ganz Armen und Obdachlosen haben oft gar kein anderes Haus.

Der *Common Sense* fasst je nach Kultur, also je nach einem bestimmten Raum im großen gemeinsamen Welthaus, ein und dieselbe Einsicht auf ganz unterschiedliche Weisen in ein Sprichwort. So sagt man in New York: *Every family has a skeleton in the closet* – „Jede Familie hat ein Skelett im Schrank". Im Deutschen ist ganz ähnlich von der „Leiche im Keller" die Rede, also von einem Geheimnis, über das zu sprechen tabu ist. In Westindien sagt man: „Jedes Haus hat seine schmutzige Ecke" und im Süden der Vereinigten Staaten: „Jede Hütte hat ihre Stechmücke." Die Haya in Ostafrika kennen das Sprichwort: „Jeder Hügel hat seinen Leoparden" und die Gibo kommen mit ihrer originellen Formulierung fast wieder auf das Skelett im Schrank zurück: „Die Henne sagt: Scharre nicht zu gründlich; du könntest auf die Knochen deiner Mutter stoßen." Solche „Variationen über ein Thema" sind bei Sprichwörtern ebenso reizvoll wie in der Musik. Auch innerhalb ein und derselben Kultur findet man oft amüsanterweise eine Weisheit in mehrere ganz unterschiedliche Bilder gefasst. So kennt etwa die afroamerikanischen Kultur die folgenden vier Sprichwörter über ein Unglück, das man „sich selbst eingebrockt“ hat – jeder kann sich heraussuchen, welches er am treffendsten findet: *If you won't stand blow, no play with stick* – „Wenn du nicht eins draufkriegen willst, spiel nicht mit dem Stock“; *One that carries straw mustn't fool with fire* – „Wer sich mit Stroh belädt, sollte nicht mit dem Feuer spielen“; *If you lay with the puppy, you get bitten by the fleas* – „Wer sich zum Hund legt, den beißen die Flöhe“ und: *One who swims with fish must eat worms* – „Wer mit den Fischen schwimmt, muss Würmer fressen.“ Alle vier stammen aus dem Kulturraum der amerikanischen Schwarzen mit ihrer bunten Bildersprache. Man kann die Eigenart einer Kultur kaum besser kennenlernen als durch ihre Sprichworttradition. Leider machen die Medien unsere Sprachen immer farbloser und die Sprichwörter sind ebenso wie die gefährdeten Tier- und Pflanzenarten vom Aussterben bedroht.

In meiner Kindheit in Österreich hätte wohl noch jeder dem baskischen Sprichwort „Alte Worte – weise Worte“ zugestimmt oder dem englischen *All good sense of the world runs into proverbs* – „Aus jeder guten Einsicht auf der Welt wird ein Sprichwort.“ Und die Araber wissen: „Ein Sprichwort würzt das Reden wie Salz das Essen.“ Schon Cicero sprach vom „Salzen“ seines eleganten Lateins mit Sprichwörtern und meine Großtante Jenny, die

Mir ist es egal, woher der Regen kommt.
Hauptsache, er fällt an der richtigen Stelle.
Afroamerikanisch

gern viel Salz auf ihre Kartoffeln streute, salzte auch ihre Belehrungen, mit denen sie uns Kinder bedachte, auf Ciceros Art mit Sprichwörtern. Der Briefträger, die Zigeuner und die Hausierer, die an unsere Tür kamen, gebrauchten Sprichwörter; ebenso der Pfarrer, der Metzger und natürlich der Herr Oberlehrer. Sie alle hatten keine Ahnung, dass im Sudan, in unvorstellbarer Ferne, die Ojai sie mit dem Spruch bestätigt hätten: „Für jede Gelegenheit gibt es ein passendes Sprichwort." Alle erkannten im Sprichwort „die Weisheit des Volkes" und waren überzeugt von der Gültigkeit des verbreitetsten aller Sprichwörter, das noch heute auf Lateinisch zitiert wird: *Vox populi, vox Dei* – „Volkes Stimme, Gottes Stimme."

Allerdings steigt Volkes Stimme durchaus nicht immer aus den uns allen gemeinsamen Tiefen auf und ist deshalb auch keineswegs immer Ausdruck von *Common Sense.* Manche Sprichwörter entstehen eher aus ziemlich provinziellen Vorurteilen. Jedes Volk kennt die Neigung, den Kreis der Zugehörigkeit recht eng nur um das eigene Land, das eigene Tal, das eigene Dorf zu ziehen. Darauf bezogene Sprichwörter formulieren Vorbehalte oder Warnungen vor Außenstehenden oder verspotten sie. Ein solches Sprichwort hat sich sogar in die Bibel eingeschlichen. Im Titusbrief (1,12) steht zu lesen: „Alle Kreter lügen." Eine Insel setzt die andere im Sprichwort herab, ebenso eine

Ein gutes Wort
wärmt drei Winter lang.
Chinesisch

Stadt die andere, ein Land das andere. Mit solchen Sprichwörtern werden von Generation zu Generation Vorurteile weitergegeben, der Fremdenhass wird verewigt.

Manche Sprichwörter lästern über gewisse Berufe, etwa der alte deutsche Reim: „Der Müller mit der Metzen, der Weber mit der Krätzen, der Schneider mit der Scher, wo kommt ihr Diebe her?“ oder Sprüche wie: „Der Schneider mit der Scher / meint, er sei ein Herr“ und „Gott macht genesen / und der Arzt holt die Spesen“. Oder sie richten sich gegen bestimmte Körpereigenschaften: „Rot Haar ist entweder gar fromm oder gar bös“ oder gegen Frauen: „Frauen haben langes Haar und kurzen Sinn“, „Drei Frauen, drei Gänse und drei Frösche machen einen Jahrmarkt.“

Viel zahlreicher als diese engstirnigen Sprichwörter sind zum Glück solche, die dem Bewusstsein entspringen, dass die gesamte Menschheit eine einzige große Gemeinschaft ist, ja dass darüber hinaus auch die Tiere und Pflanzen mit einbezogen und wir alle mit dem göttlichen Urgrund der Schöpfung verbunden sind. In diesen oft uralten Aussprüchen schwingen dann wirklich Töne einer „Vox Dei“ mit, eines tiefsten Verstehens der Wirklichkeit.

Schon seit langer Zeit sammle ich Sprichwörter, und das nicht nur um ihres Inhalts willen, sondern auch aus reinem Vergnügen an ihrer Sprache. Ich sammle sie mit der gleichen Freude, mit der ich die bunten Kiesel am Strand des Meeres aufhebe. Wie die Brandung die Kiesel, so schleift der Volksmund im Lauf der Jahrhunderte die Sprichwörter, bis kein einziges unnötiges Wort mehr übrig bleibt. „Wer rastet, der rostet" – was ließe sich daran noch verbessern? Mit gerade einmal sechs Silben wird hier das Bild von einem alten Pflug heraufbeschworen, der halb von Brennnesseln überwuchert hinter der Scheune liegt.

Die Kiesel am Strand erfreuen mit ihrer wunderbar glatten Oberfläche nicht nur meine Fingerspitzen; sie entzücken auch meine Augen, weil der Schliff die Zeichnung im Gestein erst so recht zur Geltung bringt. Entsprechend fließen auch gute Sprichwörter nicht nur glatt über die Zunge, sondern offenbaren zugleich eine große Vielfalt sprachlicher Kunst. Über Jahrhunderte gingen sie von Mund zu Mund und wurden dabei zu ihrer schließlich vollkommenen Gestalt poliert. Ein beliebtes Muster ist dabei die Parallelbildung, etwa in „Je dicker die Saite, desto tiefer der Ton" oder „Wie der Vater, so der Sohn". Öfter findet sich die Verwendung des Stabreims, zum Beispiel in „Glück und Glas – wie leicht bricht das" und „Wo ein Wille ist, ist auch ein Weg". Andere Sprichwörter sind gereimt, so etwa „Was ich nicht weiß, macht mich nicht heiß" oder „Trocken Brot macht Wangen rot."

Wenn die vom Meer nassen Kiesel in meiner Hand trock-

nen, verlieren sie ihren Glanz. Auch in Büchern gesammelte Sprichwörter wirken meist trocken und langweilig. Sie haben ihren leuchtenden Glanz nur im lebendigen
40 Fluss der Sprache. Manche Kulturen sind allerdings mit einem so großen Schatz bildhafter Ausdrücke gesegnet, dass ihre Sprichwörter die ursprüngliche Frische nicht so leicht verlieren. So sagen etwa die Afroamerikaner: „Wenn du den Esel besuchst, sprich nicht von Ohren“ oder: „Ist der Bulle alt, reicht Stroh, ihn zu binden.“ Ihre afrikanische Kultur ist immer noch lebendig in Sprichwörtern wie den folgenden: „Wenn Hyänen trinken, dürfen Hunde nur zuschauen“, „Um Honig aus dem hohlen Baum zu saugen, genügt ein dünner Strohhalm“, „Wenn du nur ein Kleid hast, so wasch es nicht an einem Regentag“, „Das Nilpferd, das sich zeigt, wirft dein Boot nicht um.“ Oder was könnte für die Schweiz typischer sein als „Man kann alles kaufen, nur keine Zeit.“ Und schließlich noch ein Sprichwort, das so holländisch ist wie Tulpen und Holzschuhe: „Willst du bis zum letzten Tropfen trinken, schlägt dir der Kannendeckel auf die Nase.“

Seinen vollkommensten Ausdruck findet der *Common Sense* in einer ganz bestimmten Art von Sprichwörtern. Wie so vieles wirklich Großes fallen sie beim ersten Hören gar nicht gleich auf. Man könnte sie als „hausgebacken“ bezeichnen und dabei das Wort „Haus“ in seinem tiefsten

Auch schwarze Kühe geben weiße Milch.
Englisch

Sinn nehmen, nämlich als das große „Haus" der Erde, in dem die Menschheitsfamilie zusammen mit allen anderen Lebewesen wohnt. Darin bäckt der Sinn für das Ganze, also der *Common Sense,* das tägliche Brot der Sprichwörter. Die größten dieser Sprichwörter philosophieren nicht und sie moralisieren auch nicht. Sie halten uns einfach ein Bild hin, als wollten sie sagen: „Nimm und iss!" Je länger wir kauen, desto stärker kommen wir auf den Geschmack. „Unter den Bäumen regnet es zweimal" (Schweiz). „Eine kleine Nadel dringt durch dicken Stoff" (Sudan). „Ob ein Zweig tot ist, zeigt sich, wenn die Knospen schwellen" (afroamerikanisch). „Steter Tropfen höhlt den Stein" (altrömisch). Solche einfachen Bilder sind auch die Nahrung in Jesu Gleichnissen.

Der *Common Sense* in den Gleichnissen Jesu

Tropfen um Tropfen füllt den Krug.
Duala, Westafrika

Auch der letzte Ochse erreicht den Kraal.
Holländisch

Der schnelle Läufer und der Hinkende
treffen sich auf der Fähre wieder.
Ägyptisch

Berge brauchen keine Berge,
aber Menschen brauchen Menschen.
Baskisch

Berge und Berge begegnen sich nicht,
wohl aber Menschen und Menschen.
Arabisch

Nur allein stehende Halme sterben im Frost.
Chinesisch

Drei Fäden machen eine Schnur.
Italienisch

Wer mir gibt, lehrt mich geben.
Holländisch

Wer Bedürftigen etwas gibt,
der gibt nicht, sondern sät aus.

Baskisch

Frisch wie am ersten Tag leuchtet die ursprüngliche Botschaft Jesu in seinen Gleichnissen und nirgends sonst ist sie überzeugender. Wie Goldkörnchen im Sand, so lagerten sich die Gleichnisse in den frühesten Schichten der christlichen Tradition ab. Sie bewahrten das lebendige Wort der Lehre unverfälschter als die meisten anderen Evangelientexte.

Dass Jesus in Gleichnissen lehrte, ist eine der wenigen wirklich sicheren historischen Aussagen über ihn. Markus, der früheste Evangelist, behauptet sogar: „Ohne Gleichnis redete er nicht zu ihnen" (4,34). Damit mag Markus übertreiben, aber es lässt sich nicht leugnen, dass wir in den Gleichnissen das Herzstück der Botschaft Jesu finden können – und zwar sowohl was den Inhalt angeht als auch die Form, in der er lehrte. Die Gleichnisse enthalten nicht nur das Wesentliche seiner Botschaft; auch der Umstand, dass er sich für die Rede in Gleichnisform entschied, sagt etwas Entscheidendes darüber aus, worauf es ihm mit seiner Botschaft ankam.

Viele Gleichnisse Jesu sind jenen Sprichwörtern sehr ähnlich, in denen ein starkes Bild jäh eine Einsicht des *Common Sense* aufblitzen lässt. Zuweilen erweitert er das Bild zu einer kurzen Erzählung und bringt damit das zündende Element dieser Art von Sprichwörtern noch kräftiger zur Wirkung.

Fernes Wasser
löscht nicht nahen Durst.
Chinesisch

Die typischen Gleichnisse sind nach dem Schema eines Dreischritts aufgebaut. Im ersten Schritt stellt Jesus uns oft ausdrücklich eine Frage: „Wer von euch ..." (zum Beispiel: Wer von euch wüsste nicht, dass Dornensträucher – oder Feigenbäume – keine Trauben tragen; dass Blinde nicht Blinde führen können; dass aus einem winzigen Samen ein großer Baum werden kann?) Im zweiten Schritt antworten wir spontan: „Natürlich wissen wir das alle! Das weiß ja jedes Kind. Das sagt uns unser gesunder Menschenverstand." Im dritten Schritt sieht Jesus uns fragend an. Er braucht die Frage eigentlich gar nicht auszusprechen: „Wenn das so offensichtlich ist – warum handelt ihr dann nicht entsprechend? Wo ist denn euer gesunder Menschenverstand?"

Uns bleibt nur, über uns selbst den Kopf zu schütteln: Wir hätten zwar durchaus den gesunden Menschenverstand – den *Common Sense* –, aber in den entscheidendsten Punkten unseres Lebens verhalten wir uns wie Dummköpfe. Das Gleichnis hat uns auf humorvolle Weise überführt. Ein Gleichnis Jesu nach dem anderen führt uns immer wieder spielerisch im gleichen Dreischritt unsere Torheit und Inkonsequenz vor Augen.

Warum reizen uns die Gleichnisse Jesu in den Evangelien eigentlich nicht zum Lachen? Die Antwort ist nicht schwer zu finden: Wie oft kann man der immer gleichen

Zuhörerschaft ein und dieselbe geistreiche Pointe präsentieren? Nach einigen Wiederholungen würden auch die Geduldigsten müde abwinken. Aber trotzdem blieben die Bilder, die Jesus gebraucht hat, seinen Jüngern kostbar. Und so bewahrte man sie in der Tradition und wiederholte sie immer wieder – und machte aus den spritzigen Formulierungen moralisierende Geschichten.

Ein gutes Beispiel für diese Tendenz ist das sogenannte Gleichnis vom Barmherzigen Samariter (Lukas 10,29-37).

Der Kontext im Lukasevangelium ist ein Gespräch über die Nächstenliebe. Jemand hatte die Frage gestellt: „Wer ist denn mein Nächster?" Jesus hatte offensichtlich den Unterton dieser Frage herausgehört: „Ich möchte doch um Gottes willen nicht aus Versehen jemandem Liebe erweisen, der dem Buchstaben des Gesetzes nach gar nicht mein Nächster ist!" Ich meine fast zu spüren, wie Jesus das Schmunzeln unterdrücken musste, als er zu erzählen begann: „Da geht ein Mann auf dem Weg von Jerusalem nach Jericho ..." Und nun merke: Das bist du! Das darfst du beim Hören oder Lesen dieses Gleichnisses nicht vergessen. (Bei amüsanten Erzählungen mit einer verblüffenden Pointe muss man sich nämlich mit der Person identifizieren, die als Erste genannt wird, sonst zündet die Pointe nicht.) Du selbst bist also jetzt zu Fuß in einer für ihre Räuber berüchtigten Gegend unterwegs. Tatsächlich wirst du überfallen und verprügelt; man raubt dich aus, reißt dir sogar die Kleider vom Leib und lässt dich halb tot liegen. Du bist zwar halb tot, aber doch noch halb lebendig. Das ist wichtig, denn du musst ja mit ansehen können, was sich weiter ereignet. Ich erzähle dir das ja nicht aus der Vogelperspektive, sondern so, wie der arme Kerl es erlebt, der dort liegt – und der bist *du*.

Du liegst also zusammengeschlagen am Straßenrand und siehst jemanden kommen. „So ein Glück, da kommt mein Nächster", denkst du dir und fühlst dich schon besser. Es geht ja hier um die Frage „Wer ist mein Nächster?" Dir geht auf: Wenn ich in Not bin, ist das gar keine Frage mehr. Nun weiß aber leider dieser andere hier nicht, dass er dein Nächster ist – oder er will es nicht wissen –, er macht einen Bogen um dich und geht vorbei.

Du bekommst noch eine zweite Chance. Da kommt wieder jemand. „Das ist aber jetzt bestimmt mein Nächster", denkst du voller Hoffnung. Du kennst ihn nicht, aber dein *Common Sense* sagt dir, dass er dein Nächster ist. Leider macht auch dieser gute Mann einen Bogen um dich und verschwindet.

Aber gib noch nicht auf; in einer Erzählung dieser Art ereignet sich etwas immer dreimal. Und wirklich, endlich,

Das Geschenk geht auf einem Esel fort und kommt auf einem Kamel zurück.
Ägyptisch

gerade als du den Mut verlierst, taucht dort in der Kurve ein dritter Anwärter auf den Titel „Nächster“ auf. Diesmal ist es kein Einheimischer, sondern ein Samariter. Widerwärtig! Für einen Juden – und der bist du hier ja – ist es unvorstellbar, in einem Samariter seinen Nächsten zu sehen. Aber jetzt hat der Lauf der Erzählung dich schon so weit gebracht, dass du bereit bist, sogar so einen „stinkenden Ausländer“ freudig als deinen Nächsten anzuerkennen, wenn er nur auch in dir seinen Nächsten sieht und dir hilft. Und tatsächlich: Das tut er. *Common Sense,* Gemeinsinn, prallt hier mit öffentlicher Meinung zusammen und siegt.

Mit einem Schmunzeln fragt Jesus: „Welcher von diesen Dreien war also dem der Nächste, der unter die Räuber fiel?“ „Jener, der ihm Barmherzigkeit erwies“, antwortet der Mann, der gefragt hatte, wer eigentlich sein Nächster sei. Dass es ausgerechnet der Samariter war, sagt er lieber nicht.

Die Gleichnisse sind also keineswegs zahme Erbauungsgeschichten, sondern enthalten solche nicht ungefährliche Pointen, mit denen Jesus sich über die öffentliche Meinung lustig machte: Willst du wirklich wissen, wer dein Nächster ist? Warte nur, bis du in Not kommst, dann sagt es dir ganz unerwartet dein *Common Sense!* Dann kannst du ganz selbstverständlich sogar in einem verachteten

Für eine Wohltat so groß wie ein Wassertropfen gib zum Dank eine sprudelnde Quelle zurück.
Chinesisch

Ausländer deinen Nächsten erkennen, ein Mitglied der Menschheitsfamilie. Warum aber werden die Grenzen deines Selbstverständnisses plötzlich so eng, wenn statt deiner andere in Not sind?

Deutlich ausgeprägt sind die drei Schritte des typischen Gleichnisses: Zuerst die Frage: „Wem von euch sagt nicht bereits sein *Common Sense,* wer sein Nächster ist?“ Die Situation des Raubüberfalls führt die Dringlichkeit einer Antwort vor Augen. Dann die einzig folgerichtige Antwort: „Wir alle wissen das – besonders, wenn wir in Not sind.“ Und schließlich verblüffend die Pointe: „Wenn das so selbstverständlich ist, warum handelst du Dummkopf dann nicht danach – besonders, wenn ein anderer in Not ist und dich braucht?“

Wir brauchen nur den Samariter durch einen Asylbewerber zu ersetzen und schon müssen wir über uns selbst und über unsere eigene innere Enge den Kopf schütteln. Wenn man den Samariter bereits im Titel des Gleichnisses als „barmherzig“ bezeichnet, nimmt man die Pointe natürlich vorweg und sie zündet nicht mehr. Für die Zuhörer Jesu gab es so etwas wie einen „barmherzigen Samariter“ überhaupt nicht. Samariter waren als solche grundsätzlich schlecht und Feinde.

Wenn wir das übersehen, bleibt vom ursprünglichen Klang der Geschichte nicht mehr viel übrig. Betrachten wir dagegen den Verlauf der Erzählung nicht als objektive Reportage, sondern als Augenzeugenbericht des Opfers, mit dem wir uns identifizieren, dann packt uns plötzlich die Autorität des *Common Sense* und wir wissen, wer unser Nächster ist.

Der *Common Sense* als oberste Autorität

Wasser verliert nie seinen Weg.
Bantu

Jeder Fluss fließt zu seiner Mutter.
Afroamerikanisch

Auf kranken Ziegen landen alle Fliegen.
Österreichisch

Dein Nachbar kommt immer dann vorbei,
wenn du dir gerade die Haare richtest.
Katalonisch

Gäste und Reiher
bieten den schönsten Anblick,
wenn sie sich erheben.
Japanisch

Wenn der Köder mehr wert ist als der Fisch,
ist es Zeit, mit dem Angeln aufzuhören.
Afroamerikanisch

Es ist ein schlechtes Wirtschaften,
wenn man früh zu Bett geht,
um Kerzen zu sparen,
und dann Zwillinge herauskommen.
Chinesisch

Man zündet kein Licht an,
wenn die Sonne scheint.
Arabisch

Wenn die Gazelle springt,
sollte da ihr Kitz kriechen?
Fulfulde, Westafrika

Die Autorität, die Jesus ins Spiel bringt, ist die Autorität des *Common Sense;* es ist die Göttliche Weisheit, Sophia, die sich ein Haus gebaut hat, das auf sieben Säulen ruht, wie es im Buch der Sprüche (9,1) heißt. Laotse bezeichnete sie als *Dao* und Heraklit nannte sie *Logos.* In dem Satz „Durch viele Gleichnisse verkündete er ihnen das Wort" (Markus 4,33) verwendet Markus für „Wort" diesen Begriff *Logos,* in dem seit Heraklit genau das mitschwingt, was ich hier als *Common Sense* bezeichne. Auf diesen Punkt möchte ich nachdrücklich hinweisen: Jesus beruft sich nicht auf die Autorität Gottes in der Heiligen Schrift, wie das die Priester und Schriftgelehrten mit der Aussage taten: „So steht es geschrieben ..." Er beruft sich auch nicht auf die göttliche Autorität, die aus seinen eigenen Worten spricht, wie es die Propheten taten, die ihre Aussagen mit der Formel begannen: „So spricht Gott, der Herr ..." Wenn Jesus seine Gesprächspartner mit dem Argument „Ihr wisst alle, dass ..." infrage stellt, appelliert er an die göttliche Autorität in den Herzen seiner Zuhörer. Die Priester, Schriftgelehrten und Propheten reden von der hohen Warte göttlicher Autorität herab zum Volk; Jesus stellt sich auf die Ebene seiner Zuhörer und ermächtigt sie, sich auf ihre eigenen Füße zu stellen, indem er die göttliche Autorität ihres ihnen angeborenen *Common Sense* ernst nimmt, zu der sie sozusagen von in-

Wenn ihr jemanden prüfen wollt,
so gebt ihm ein Amt.

Spanisch

nen her Zugang haben. Das ist ein entscheidender Wendepunkt; die Konsequenzen daraus sind Schwindel erregend.

56 Der *Common Sense* ist die höchste Autorität. Dessen sind wir alle uns in unserem Innersten durchaus bewusst. Wenn die Lehren von Kirchenvertretern und Theologen vor dem Urteil dieses *Common Sense* keinen Bestand haben, haben sie überhaupt keinen Bestand. Jede Predigt bleibt wirkungslos, wenn sie nicht unseren *Common Sense* anspricht. Weckt und bestärkt dagegen ein Prediger unseren *Common Sense,* so reagieren wir darauf genauso wie die Zuhörer Jesu: „Und die Menschen waren sehr betroffen von seiner Lehre; denn er lehrte sie wie einer, der Vollmacht hat“ (Markus 1,22). Und Markus fügt hinzu: „... nicht wie die Schriftgelehrten.“ Hier wird die innere Autorität gegen die äußere gesetzt; damit zeichnet sich das Todesurteil über Jesus bereits ab. Denn auf einen autoritären Geist wirkt nichts bedrohlicher als die Berufung auf die Autorität des *Common Sense.* Religiös und politisch autoritäre Instanzen sind mit aller Gewalt darauf aus, jeden auszumerzen, der unter dem gemeinen Volk den *Common Sense* zu mobilisieren versucht. Aus diesem Grund musste Jesus sterben.

Autorität an sich ist durchaus wertvoll. Der Begriff meint eine feste, vertrauenswürdige Grundlage für unser Wissen und Handeln. Jede Gemeinschaft beruft Menschen, die sich durch Führungstalent, Kompetenz und Klugheit auszeichnen, in Positionen, in denen sie über Autorität und Macht verfügen. Aber Macht korrumpiert. Es ist unvermeidlich, dass unfähige Menschen sich der Autorität bemächtigen. Sie üben Macht aus, ohne über die nötige Weisheit und das erforderliche Mitgefühl zu verfügen. Solche autoritären Machthaber sind Todfeinde authentischer Autorität, die im *Common Sense* wurzelt. Sie versuchen, ihre Macht zu stärken, indem sie den anderen Angst machen. Angst benebelt den *Common Sense:* die Angst, seinen Arbeitsplatz zu verlieren, wenn man protestiert und öffentliche Entscheidungen, die dem *Common Sense* widersprechen, infrage stellt; die Angst, aus der Gemeinschaft ausgestoßen zu werden, wenn man eine hohle Autorität hinterfragt.

Sicheres Merkmal autoritärer Macht ist die Angst davor, hinterfragt zu werden. Echte Autorität dagegen muss sich Fragen stellen lassen. Allen, denen wir Autorität anvertrauen, sind wir es schuldig, sie durch Fragen wachzuhalten. Nur dadurch können wir sie vor der Versuchung bewahren zu glauben, sie wüssten auf alles sofort eine Antwort. Oft steckt in einer guten Frage schon der Keim einer Antwort. Niemand hat alle Antworten; dafür bietet das Leben zu viele Überraschungen.

Im Johannesevangelium sagt Jesus: „Ich bin gekommen, damit sie das Leben haben und es in Fülle haben" (10,10). Das Leben bringt immer neue Formen hervor. In der Na-

tur schützen und tragen alte Strukturen neues, keimendes Leben; wenn sie sich verhärten und erstarren, fallen sie ab und werden durch neue ersetzt. So erneuern sich jeder Organismus und jedes Ökosystem unablässig. Dabei beseelt und lenkt der *Common Sense* als geheimnisvolle Weisheit die gesamte Natur und Wirklichkeit. Das neue Wachstum folgt der Kraft, die sich entfalten will; alte Strukturen verstehen die Zeichen und fallen ab, um Neuem Raum zu geben. Wenn die Himbeeren reif sind, lösen sie sich und fallen von den Sträuchern; die Distelsamen verstehen den Fingerzeig des Windes, loszulassen und wie tausend kleine Sonnen loszuschweben. Die Kojotenmutter merkt, ab wann ihre Welpen für sich selber sorgen können, und wandert ab in ein anderes Revier.

Nur wir Menschen können nicht loslassen, wenn das Signal kommt, dass wir genau wie alle unsere Geschwister im großen Haus der Natur etwas Bestimmtes loslassen sollten. Unsere Angst hindert uns daran, dem *Common Sense* zu folgen. Mit besonderer Klarheit empfanden das die daoistischen Weisen. In dem Maß, in dem sie sich in Einklang mit dem Rhythmus der Natur brachten, steigerte sich ihr Spott darüber, dass die Gesellschaft sich nicht an

Ist die Gurke reif,
löst sie sich von ganz allein vom Zweig.
Chinesisch

Dao hielt, an den *Common Sense.* Jesus stellt dieser Welt, die sich damit dem Tod statt dem Leben verschreibt, eine Welt gegenüber, die von Gottes lebendigem Atem belebt ist und dank dem Heiligen Geist ein „Leben in Fülle" führt. Wäre der Begriff „Heiliger Geist" nicht die altehrwürdige Bezeichnung einer für uns ganz wesentlichen Erfahrungswirklichkeit, wir würden ihr heute sicher einen anderen, für uns aussagekräftigeren Namen geben. „Geist" intendiert schnell die Bedeutung Gespenst und das Wort „heilig" hat heute zu viele Anklänge an „scheinheilig"; es lässt kaum noch an „Heil-" und „Ganzsein" denken, es weckt auch nicht mehr das Empfinden des Überwältigenden und Atemberaubenden einer numinosen Wirklichkeit. Wollten wir heute einen neuen Begriff für jene unendlich schöpferische Lebenskraft und Harmonie finden, die alles mit allem verknüpft und die Quelle des Lebens schlechthin ist, so würde sich die Bezeichnung *Common Sense* dafür sehr gut eignen. Auf jeden Fall wäre es eine inspirierende Übung, überall dort, wo man den Begriff „Heiliger Geist" liest oder hört, stattdessen einmal *Common Sense* einzusetzen. Dann wäre die Tragweite des Gemeinten wieder deutlicher spürbar.

Jesus hielt sich an seine jüdische Überlieferung und sprach von seiner Vision einer neuen, harmonischen Weltordnung als dem „Reich Gottes". „Reiche" kommen

Auch wenn die Biene
einen gestreiften Rücken hat,
ist sie noch lange kein Tiger.
Chinesisch

heutzutage fast nur noch in Märchen vor. Die Vorstellung von Gott als einem im Himmel thronenden „König aller Königreiche" spricht uns nicht mehr an. Für unser Weltverständnis ist die Autoritätspyramide mit einem König oder Gott an der Spitze ein nicht mehr nachvollziehbares Modell; dem neu aufdämmernden Weltverständnis entspricht eher der Begriff, den der amerikanische Dichter Gary Snyder prägte: *Earth Household* – „Erd-Haushalt". In diesem Erd- oder Welt-Haushalt ist Autorität nicht etwas, was von außen und oben einwirkt, sondern sich von innen her meldet: Der *Common Sense* gewährleistet, dass alle mit allen harmonisch zusammenarbeiten. Das „Reich Gottes", in das Jesus uns ruft, ist der „Gottes-Haushalt". Tatsächlich spricht er ja von Gott nicht als unserem König, sondern von Gott als unserem Vater; und der mütterliche Geist (im Hebräischen ist „Geist" weiblichen Geschlechts) ist der alles durchwaltende, kosmische Familiensinn, der *Common Sense.* Im Gottes-Haushalt muss die Liebe zur Macht der Macht der Liebe weichen.

„Je kleiner die Eidechse, desto größer ihr Ehrgeiz, ein Krokodil zu werden", sagt ein äthiopisches Sprichwort. Ob das für Eidechsen stimmt, weiß ich nicht sicher, aber auf uns Menschen trifft das Streben nach mehr jedenfalls zu. Je mehr Macht einer hat, desto höher steht er in der Autoritätspyramide der ehrgeizigen Welt. Aber im Himmelreich, im Gottes-Haushalt, gelten die Autoritätsstrukturen eines Haushalts. Hier bekommt Autorität, wer dient: „Der Größte unter euch soll der Geringste sein und der Höchste der Diener aller“ (Lukas 22,26). Wer im Gottes-Haushalt Autorität besitzt, muss seine Macht dazu nutzen, alle ihm Untergebenen zu fördern, damit sie eigenständig werden.

Die Frohe Botschaft des *Common Sense*

Ohne Freunde kannst du auskommen,
aber nicht ohne Nachbarn.
Ägyptisch

Niemand ist so reich,
dass er keinen Nachbarn brauchte.
Ungarisch

Die schwerste Kornähre
beugt den Kopf am tiefsten.
Irisch

Tief liegendes Land trinkt Wasser
aus der ganzen Umgebung.
Ägyptisch

Das Kalb hat keine Angst
vor den Hörnern seiner Mutter.
Oromo, Äthiopien

Der Löwe knurrt sein Junges an,
aber er frisst es nicht.
Ila, südliches Afrika

Wer sich in einer Sänfte tragen lässt,
weiß nicht, wie weit es bis zur Stadt ist.
Haussa, Nord-, West- und Zentralafrika

Die Perlen tragen, wissen nicht,
wie oft der Haifisch Taucher beißt.
Äthiopisch

Man muss das Eisen schmieden, solange es heiß ist.

Deutsch

Der Frohbotschaft Jesu entspricht es, dass wir uns von innerer Autorität leiten lassen, nicht von äußerer: Die Zeit ist gekommen; der Haushalt Gottes steht euch offen; eine von der Kraft der Liebe inspirierte Welt des *Common Sense* bricht an! Lasst eure bisherige Weltsicht davon völlig auf den Kopf stellen; setzt euch aus vollem Herzen für das Leben mit dieser ganz neuen Qualität ein (vgl. Markus 1,15)!

Von diesem, seinem zentralen Anliegen her lassen sich die Gleichnisse Jesu ganz natürlich in fünf Gruppen einteilen, je nachdem auf welche Weise sie sich auf diese zentrale Botschaft des die alte Weltordnung umkehrenden *Common Sense* beziehen:

- Gleichnisse, die das Ende einer ungerechten, ausbeuterischen Weltordnung ankündigen.
- Gleichnisse, die mit Bildern das Aufbrechen eines neuen Lebens ankündigen: wie Knospen, die am Feigenbaum aufbrechen; wie Sauerteig, der alles durchwirkt; wie aufsprießende Saat.
- Gleichnisse, die uns aufrufen, in der Gegenwart ganz Unerwartetes zu erwarten.
- Gleichnisse, die uns herausfordern, den Augenblick beim Schopf zu ergreifen; so zu handeln, als ob alles auf uns selbst ankäme, und dennoch auf Gott zu vertrauen und Geduld zu haben.

Der volle Magen hat kein Bedauern für den leeren Magen.
Portugiesisch

– Gleichnisse für eine neue Weltordnung – eine Ordnung der Liebe – als Antwort auf die ewige Frage, die salopp formuliert lautet: „Ich möchte wissen, worum es bei diesem ganzen Spiel geht, noch bevor es aus ist.“ Wollen wir das nicht alle wissen? Jesus beantwortet diese Frage mit Bildern davon, wie sich der *Common Sense* durchsetzen wird: Alles läuft auf ein Fest hinaus, auf ein Hochzeits- und Freudenmahl.

Die alte Weltordnung ist im Begriff zusammenzubrechen

Beginnen wir unsere genauere Betrachtung mit den Gleichnissen, die uns deutlich machen, dass wir die Welt, wie sie ist, nicht als das hinnehmen müssen, was zu sein sie behauptet: Sie ist nicht die wahre Welt, weil sie sich nicht an den *Common Sense* hält. Jesus fordert uns auf, uns diesbezüglich selbst ein Urteil zu bilden. „Ein guter Baum bringt gute Früchte hervor.“ Stimmt das? Ja, natürlich! „Aber ein kranker Baum bringt schlechte Früchte hervor“ (Matthäus 7,17). Stimmt das? Ja, natürlich! Aber dann sieh dir doch die Unterdrückung, Gewalt, Ausbeutung und alles andere dergleichen in der Welt an: Glaubst du wirklich, dass ein Baum, der solche Früchte trägt, trotzdem im

Grunde genommen gut ist? Ist unsere Gesellschaft gesund? Was können wir von ihr erwarten? „Was erntet man von Dornbüschen? Etwa Trauben? Oder von Disteln? Etwa Feigen?" (vgl. Matthäus 7,16) Es steht völlig im Widerspruch zum gesunden Menschenverstand, zum *Common Sense,* zu erwarten, dass auf Macht und Gewalt gegründete politische Systeme – selbst wenn sie sich Demokratien nennen mögen – am Schluss doch sicher gute Früchte bringen werden, wenn wir nur lange genug warten. Aber trotzdem erwarten das die meisten von uns. Und was das religiöse Establishment angeht, stellt Jesus die Frage: „Können denn Blinde Blinde führen?" (vgl. Lukas 6,39) Wenn das Leben eine Gletscherüberquerung wäre – wer würde sich dann einem Bergführer anvertrauen, der die Berge nur aus Büchern kennt? Welchen Führern vertrauen wir uns auf dem Weg zu Gott an? Sind die Anweisungen, die sie uns geben, mit dem Salz des *Common Sense* gewürzt? Salz ist etwas Gutes. Wenn Salz aber seine Kraft verliert, womit soll es dann gesalzen werden (vgl. Markus 9,50)? Dieser Frage müssten sich auch die Kirchen stellen. Wie würde Jesus unsere Zeit einschätzen? Die Welt ist seither kaum besser geworden. Es mag sein, dass wir immer noch nicht klar wissen, wie wir konkret handeln müssen, aber unser *Common Sense* kann uns eindeutig sagen, dass eine Weltordnung, die auf Macht und Ausbeutung gründet, nicht tragbar ist. „Auch wenn du selbst keine Eier legen kannst", sagt ein serbisches Sprichwort, „kannst du trotzdem riechen, wenn eines stinkt." Und Jesus sagte: „Wo das Aas ist, da sammeln sich die Geier" (Matthäus 24,28). Könnt ihr wirklich nicht riechen, „dass etwas faul ist im Staate Dänemark?", lautet eine Redensart. Und Jesus verwendet folgendes Bild: „Wenn ihr im Westen eine Wolke aufsteigen seht, sagt ihr: ‚Es wird regnen', und so kommt es auch. Und wenn der Südwind weht, sagt ihr: ‚Es wird heiß werden', und ihr habt recht. Ihr Heuchler! Die Zeichen von Erde und Himmel könnt ihr auslegen; warum dann nicht die Zeichen der Zeit?" (vgl. Lukas 12,54-56) Warum können Menschen das nicht? Jesus deutet den Grund mit seiner Anrede „Ihr Heuchler!" an. Im Griechischen bedeutet dieses Wort „Schauspieler": Wenn wir uns nicht entschieden an unseren *Common Sense* halten, müssen wir die Rolle spielen, die uns eine kranke Gesellschaft vorschreibt.

Das neue Leben bricht an

Wenn wir „die Zeichen der Zeit" verstehen lernen, dann sehen wir auch Hoffnungsvolles: Es wird Frühling. Die verballhornte Bauernregel „Blitzt und donnert es im Mai,

Schon ein Blatt verkündet den Herbst.

Chinesisch

ist der April bestimmt vorbei" ist gar nicht so dumm, wie sie auf den ersten Blick aussieht. Im übertragenen Sinn kündigen „Donnerwetter" einen neuen Frühling an, Krisen etwas Neues. In Jamaika gibt es das Sprichwort *When cocoa ripe, him must burst* – „Ist der Kakao reif, muss er platzen." In Palästina sind es nicht die Kakaobohnen, die platzen, sondern die Knospen der Feigenbäume: „Seht euch den Feigenbaum und die anderen Bäume an; sobald sie ausschlagen, wisst ihr, dass der Sommer nahe ist" (Lukas 21, 29-30). „Könnt ihr es nicht selbst sehen?", fragt Jesus damit. Die Frohbotschaft ist untrennbar mit der Botschaft verbunden, dass notvolle Zeiten bevorstehen. „Eine Frau hat Schmerzen, wenn ihre Zeit gekommen ist. Hat sie aber das Kind geboren, so vergisst sie vor Freude über das Kind ihre Schmerzen" (vgl. Johannes 16,21). Sehen wir das nicht auf allen Gebieten?

Der *Common Sense* weiß: Wahrhaft Großes hält nicht mit Fanfarengeschmetter Einzug; es ist klein, still und verborgen. Gerade deshalb besitzt es verwandelnde Kraft, „wie Sauerteig, den eine Frau nahm und in drei Maß Mehl mischte und wartete, bis das Mehl ganz durchsäuert war" (vgl. Lukas 13,21). Der Teig muss durchsäuert werden, damit daraus bekömmliches, nahrhaftes Brot werden kann. Drei Maß Mehl ergeben eine enorme Menge Brotteig und der Sauerteig ist darin völlig verborgen. Verborgen ist

Du kannst das Pferd zum Wasser führen,
aber zum Trinken kannst du es nicht zwingen.
Englisch

auch der Same in der Erde, „wie ein Senfkorn, das in die Erde gesät wird und kleiner ist als alle anderen Samenkörner; wenn es aber keimt, wird es größer als alle anderen Stauden“ (vgl. Markus 4,31-32).

Neues Wachstum ist verwundbar: Bei der Aussaat gehen viele Samenkörner verloren. „Ein Sämann ging aufs Feld, um seinen Samen auszusäen. Als er säte, fiel ein Teil der Körner auf den Weg; sie wurden zertreten und die Vögel des Himmels fraßen sie. Ein anderer Teil fiel auf Felsen und als die Saat aufging, verdorrte sie, weil es ihr an Feuchtigkeit fehlte. Wieder ein anderer Teil fiel mitten in die Dornen und die Dornen wuchsen zusammen mit der Saat hoch und erstickten sie.“ Und trotzdem: „Ein anderer Teil schließlich fiel auf guten Boden, ging auf und brachte hundertfach Frucht“ (Lukas 8,5-8). Dieser Teil macht die Verluste überreichlich wett. Im Übrigen sollten wir das Unkraut, das den Weizen zu ersticken scheint, nicht vorzeitig ausjäten, denn „sonst reißt ihr zusammen mit dem Unkraut auch den Weizen aus. Lasst beides wachsen bis zur Ernte“ (Matthäus 13,29-30). Warum so schnell ungeduldig werden? Die Saat wächst, der Teig geht auf. Wir müssen nur Geduld haben.

Unser *Common Sense* ist auf den Rhythmus der Natur eingestimmt und rät zu Geduld. Das ist, „wie wenn ein Mensch Samen auf seinen Acker sät, dann schläft er und steht wieder auf, es wird Nacht und wird Tag, der Samen keimt und wächst und der Mensch weiß nicht, wie. Die Erde bringt von selbst ihre Frucht, zuerst den Halm, dann die Ähre, dann das volle Korn in der Ähre. Sobald aber die Frucht reif ist, legt er die Sichel an, denn die Zeit der Ernte ist da“ (Markus 4,26-29). Ein französisches Sprichwort besagt: „Geduld gilt oft als Trägheit.“ Wirklich geduldige Menschen sind aber alles andere als träge: Sie kennen den Zeitpunkt, zu dem Handeln angesagt ist. Der Bauer im Gleichnis Jesu ist hellwach für den richtigen Zeitpunkt zur Ernte: „*Sobald* die Frucht reif ist, legt er die Sichel an.“ Der *Common Sense* lehrt uns beides: Geduld zum Warten zu haben und hellwach zu reagieren, um „das Eisen zu schmieden, solange es heiß ist“.

Im Jetzt ist Unerwartetes zu erwarten

Eine weitere Gruppe von Gleichnissen lässt Bilder vor uns aufblitzen, die unseren Sinn für den entscheidenden Augenblick schärfen sollen. Ein plötzlicher Todesfall, ein Blitzschlag, ein Einbruch – all das sind Herausforderungen, Unerwartetes zu erwarten. „Auf den Feldern eines reichen Mannes stand eine gute Ernte. Da überlegte er hin und her: Was soll ich tun? Ich weiß nicht, wo ich meine Ernte unterbringen soll. Schließlich sagte er: So will ich es machen: Ich werde meine Scheunen abreißen und eine größere bauen; dort werde ich mein ganzes Getreide und meine Vorräte unterbringen. Dann kann ich zu mir selber sagen: Nun hast du einen großen Vorrat, der für viele Jahre reicht. Ruh dich aus, iss und trink und freu dich des Lebens!" Nach dem breiten Fluss dieser Erzählung wirkt das Ende besonders abrupt: „Da sprach Gott zu ihm: Du Narr! Noch in dieser Nacht wird man dein Leben von dir zurückfordern. Wem wird dann all das gehören, was du angehäuft hast?" (Lukas 12,16-20) „Der Tod hält sich an keinen Kalender", stellt ein englisches Sprichwort fest. Auch Einbrecher kündigen sich nicht an. „Wenn der Herr des Hauses wüsste, in welcher Stunde der Dieb kommt, so würde er verhindern, dass man in sein Haus einbricht" (Lukas 12,39). Wacht also! Seid bereit! Können wir im Voraus wissen, wann und wo der Blitz einschlägt? Oder in der anschaulichen Sprache der Afroamerikaner: *Mule don't kick according to no rule* – „Das Maultier schlägt nach keiner Regel aus!"

In Zeiten gewaltiger Umwälzungen müssen wir wach und bereit sein. Wir müssen nach der unverhofften Gelegenheit Ausschau halten und sie beim Schopf packen, sobald sie sich bietet. Ohne Vorwarnung müssen wir das Alte

Was du heute kannst besorgen,
das verschiebe nicht auf morgen.
Deutsch

loslassen können und mit allem, was wir haben, auf das Neue setzen.
Ein Pflüger geht mit schweren Schuhen in der Ackerfurche; was soll er schon erwarten? Da – ein metallischer Klang. Sein Pflug ist auf einen vergrabenen Schatz gestoßen. Was würden wir tun? Er überlegt es sich nicht zweimal: „In seiner Freude verkaufte er alles, was er besaß, und kaufte den Acker“ (Matthäus 13,44). Ein anderer, ein Perlenhändler, erkennt auf den ersten Blick die besondere Kostbarkeit einer Perle – und kauft sie auf der Stelle, auch wenn sie ihn sein ganzes Vermögen kostet (vgl. Matthäus 13,45-46). Der *Common Sense* kann es wagen, sofort zuzuschlagen; genauso gut kann er es wagen, lange zu warten. „Wer wagt, gewinnt.“

Vertraue ganz auf Gott, handle aber so, als käme alles allein auf dich an

In einer weiteren Gruppe besonders farbig ausgemalter Gleichnisse zeichnen sich die Hauptfiguren durch atemberaubend gewitzte Durchsetzungskraft aus. Einige geschäftstüchtige Knechte – sozusagen risikofreudige Kapitalisten des 1. Jahrhunderts – verdoppeln das ihnen von ihrem Herrn anvertraute Kapital (vgl. Lukas 19,12-23).

Bist du in Rom, mach's wie die Römer.
Spätrömisch

Sie sind unternehmungslustig, geschäftstüchtig, aggressiv – aber all das oft mit einem gewissen Charme. Einer dieser Helden bewegt seinen Freund mitten in der Nacht

dazu, über seine Kinder auf dem Bett hinweg zu klettern und ihm zu geben, was er braucht (vgl. Lukas 11,5-8). Eine arme Witwe geht einem Richter so lange auf die Nerven, bis er zu ihren Gunsten entscheidet, obwohl er korrupt ist bis auf die Knochen (vgl. Lukas 18,2-5). Ein Verwalter, den sein Chef zur Rechenschaft zieht, weil er große Summen veruntreut hat, veruntreut schnell noch mehr, um sich die Freunde zu kaufen, die er bald brauchen wird (vgl. Lukas 16,1-7). Das sind durchaus keine Erzählungen zur Erbauung der Jugend, denn sie liefern bestimmt keine Vorbilder, die man nachahmen sollte. Es handelt sich vielmehr um humorvolle Geschichten, mit denen uns immer wieder die gleiche Pointe aufgesteckt werden soll: Sagt euch denn euer *Common Sense* nicht, dass man nicht auf den Kopf gefallen sein darf, wenn man es in der Welt zu etwas bringen will? Und wenn er es euch doch sagt: Warum handelt ihr dann nicht danach? Warum macht ihr dann diese Welt nicht ein bisschen freundlicher, damit sie besser dem *Common Sense* entspricht, das heißt, den Charakter eines großen, friedlichen Haushalts annimmt? Worauf wartet ihr denn noch? Oder wie die Bantu sagen: „Warum sitzt du immer noch

auf dem Besen, wenn du doch die Hütte auskehren willst?"
Nun zielt allerdings im spirituellen Leben das äußerste Bemühen gerade darauf ab, alles Bemühen loszulassen.
Genau das bringt uns auch der *Common Sense* bei, dieser Sinn, den wir gemeinsam haben mit „den Vögeln des Himmels" und „den Lilien des Feldes", die sich auch nicht mühen und sorgen. „Seht euch die Raben an: Sie säen nicht und ernten nicht, sie haben keinen Speicher und keine Scheune; denn Gott ernährt sie. Wie viel mehr seid ihr wert als die Vögel! Wer von euch kann mit all seiner Sorge sein Leben auch nur um eine kleine Zeitspanne verlängern? Wenn ihr nicht einmal etwas so Geringes könnt, warum macht ihr euch dann Sorgen um all das Übrige? Seht euch die Lilien an: Sie arbeiten nicht und spinnen nicht. Doch ich sage euch: Selbst Salomo war in all seiner Pracht nicht gekleidet wie eine von ihnen. Wenn aber Gott schon das Gras so prächtig kleidet, das heute auf dem Feld steht und morgen ins Feuer geworfen wird, wie viel mehr dann euch, ihr Kleingläubigen! Darum fragt nicht, was ihr essen und was ihr trinken sollt, und ängstigt euch nicht! Denn um all das geht es den Heiden in der Welt. Euer Vater weiß, dass ihr das braucht" (Lukas 12,24-30).
Zwar müssen wir uns um die Welt kümmern, als hinge

alles allein von uns ab, aber trotzdem brauchen wir uns letztlich keine Sorgen zu machen, denn Gott kümmert sich um alles.

Aber woher wissen wir eigentlich, dass Gott sich um uns kümmert? Wir wissen, dass Gott sich um uns kümmert, weil wir uns selbst um uns kümmern. Das ist die verblüffendste Einsicht, die sich aus den Gleichnissen Jesu ergibt: Wenn man sich der Führung des *Common Sense* anvertraut, bekommt man Anteil am Empfinden Gottes. Bereits einige Jahrzehnte, bevor die Gleichnisse aufgeschrieben wurden, hat Paulus ausdrücklich auf diese ganz entscheidende Wahrheit hingewiesen: „Der Geist ergründet nämlich alles, auch die Tiefen Gottes ... Wir aber haben ... den Geist empfangen, der aus Gott stammt, damit wir das erkennen, was uns von Gott geschenkt worden ist“ (1. Korinther 2,10.12). Jesus setzt in seinen Gleichnissen genau das voraus. Er spricht oft von der einzigartigen Nähe und dem gegenseitigen Verstehen zwischen einem Vater und seinem Sohn. Geht es nicht genau um dieses tiefe gegenseitige Verstehen, wenn Jesus von Gott als seinem Vater spricht und auch uns lehrt, Gott mit „Unser Vater“ anzusprechen?

Die Behauptung mag vermessen klingen, dass wir Menschen wissen können, was und wie Gott empfindet, aber trotzdem handeln die meisten von uns in manchen Situa-

Auch ein Sperling
wirft im Fliegen einen Schatten.
Chinesisch

tionen ganz spontan aus dieser Überzeugung heraus. Wenn zum Beispiel ein Theologe behauptet, Gott bestimme manche Menschen gleich bei ihrer Erschaffung für ewige Höllenqualen oder Gott schließe unschuldige Kinder vom Himmel aus, nur weil sie nicht getauft sind, dann lehnt sich unser *Common Sense* dagegen auf. Wir sind der festen Überzeugung, dass das nicht stimmen kann. Worauf aber gründet diese unsere Sicherheit, wenn nicht auf der unbewussten Überzeugung, dass wir Gott auf einer tieferen Ebene besser verstehen können als durch intellektuelle Spekulationen, dass unser Geist also Zugang hat zum Geist Gottes, zumindest in all den Punkten, die für uns Menschen von letzter Wichtigkeit sind?

Jesus stachelt uns mit seinen eindrucksvollsten Gleichnissen dazu an, aus unserem *Common Sense* heraus zu reagieren, und wir sind dabei ganz spontan davon überzeugt, dass Gott ebenso reagiert. „Oder ist unter euch ein Vater, der seinem Sohn eine Schlange gibt, wenn er um einen Fisch bittet, oder einen Skorpion, wenn er um ein Ei bittet?“ (Lukas 11,11-12) Und im Matthäusevangelium stellt Jesus die Frage: „Oder ist einer unter euch, der seinem Sohn einen Stein gibt, wenn er um Brot bittet ... Wenn nun schon ihr, die ihr böse seid, euren Kindern gebt, was gut ist, wie viel mehr wird euer Vater im Himmel denen Gutes geben, die ihn bitten“ (Matthäus 7,9-11).

*Wer deine Last nicht getragen hat,
weiß nicht, wie schwer sie ist.*
Haya, Ostafrika

Es geht hier um viel mehr als um bloße Vergleiche: Es handelt sich um eine Gleichsetzung. Jesus ist überzeugt, dass alle Menschen mit dem göttlichen Vater den *Common Sense* teilen, ja er geht so weit, aus dem spontanen Empfinden der Menschen darauf zu schließen, was Gott empfindet. Er argumentiert dabei nach dem Schema: „Wenn nun schon ihr so empfindet – wie viel mehr dann erst euer Vater im Himmel." Dieses Schema liegt vielen Gleichnissen zugrunde.

Auf dieser Grundlage baut auch das beliebteste Gleichnis Jesu auf. Wir bezeichnen es als das „Gleichnis vom verlorenen Sohn", genau genommen ist es aber die Geschichte eines Vaters. Natürlich dürfen wir nicht unser heutiges, verzerrtes Vaterbild in das Vaterbild Jesu hineinprojizieren. Das ergäbe eine ganz falsche Gottesvorstellung. Der Vater des verlorenen Sohnes benimmt sich eher wie eine italienische Mama. Er sieht sein Kind schon von weitem; offensichtlich hat er sehnsüchtig wartend am Fenster nach ihm Ausschau gehalten. Er erstickt die Selbstanschuldigungen des Sohnes in Umarmungen und Küssen. Er sieht sofort, wie lange der junge Mann schon nicht mehr seine Wäsche gewechselt hat, und sorgt unverzüglich dafür, dass er sich frisch anziehen kann. Er sieht den Hunger in den Augen seines Kindes und tischt ihm ein Festmahl auf. Als der ältere Bruder des Zurückgekehrten, der Musterknabe, sich über so viel Aufwand ereifert, besteht der Vater darauf: „Jetzt müssen wir uns doch freuen und ein Fest feiern; denn dein Bruder war tot und lebt wieder; er war verloren und ist wiedergefunden worden" (Lukas 15,32).

Wir haben es hier mit einem Gleichnis zu tun, nicht mit einer Allegorie. Die Allegorie beginnt mit einer allbekannten Wahrheit, kleidet diese in Bilder und trägt sie von außen an uns heran. Das Gleichnis beginnt mit einem Bild, mit dem wir uns spontan identifizieren, und führt uns dadurch von innen her zu einer neuen Einsicht. So ist die Erzählung vom verlorenen Sohn also kein allegorisches Bild für Gottes Liebe, Erbarmen und Vergebung. Vielmehr zieht uns hier das Bild des Vaters, dem sein Sohn wegläuft, in seinen Bann und wir empfinden dadurch in unserem eigenen Herzen Liebe, Erbarmen und Vergebung. Wieder liegt das Schema zugrunde: „Wenn schon ihr – wie viel mehr erst Gott." Wenn schon ihr euch so freut, wenn ein verlorenes Kind zu euch zurückkehrt, wie groß muss dann erst die Freude Gottes sein, der ja euer Vater ist!

Andere Gleichnisse lösen dieselbe Einsicht durch andere Bilder aus: mit dem Bild von der Freude eines Hirten über das verlorene und wiedergefundene Schaf (Lukas 15,3-7) oder mit dem Bild von der Freude einer Frau, die beim

Suchen das ganze Haus auf den Kopf stellt und die verlorene Münze wiederfindet (Lukas 15,8-10).

Sobald wir etwas verlieren – oder auch nur fürchten müssen, es zu verlieren –, geht uns erst richtig auf, wie wichtig und wertvoll es uns ist. Dieses Empfinden kennen wir alle nur zu gut. Wer zu den Menschen gehört, die mehr für die Reparatur ihrer alten Uhr ausgeben, als zwei neue Uhren kosten würden, kann sich leicht in den Gärtner einfühlen, der den Gartenbesitzer überredet, einem ganz offensichtlich wertlosen Feigenbaum doch noch ein Jahr Gnadenfrist zu gewähren (Lukas 13,6-9). Sogar auf ein so sentimental „überzogenes" Gefühl des Erbarmens wendet Jesus das Schema an: „Wenn schon ihr – wie viel mehr erst Gott." Das besonders Überzeugende an diesem Schema ist, dass es an unseren *Common Sense* appelliert. Je stärker wir diese Gleichnisse – nochmals: es sind Gleichsetzungen, nicht Vergleiche! – auf uns wirken lassen, desto deutlicher wird uns bewusst, welch tiefe Überzeugungskraft sie haben, und zugleich geht uns auf, wie geradezu unerhört sie sind.

Die Gleichnisse Jesu sind derart überzeugend, weil nichts die Überzeugung überbieten kann, die im *Common Sense* steckt. Und die Gleichnisse sind derart unerhört, weil der *Common Sense* althergebrachte Konventionen sprengt, auf die man allgemein pocht – zum Beispiel, dass man sich

Der Strand begrenzt nicht das Meer,
sondern das Meer den Strand.

Russisch

alles, was man bekommt, verdienen müsse. In einem der Gleichnisse erhalten alle Taglöhner im Weinberg den vollen Tageslohn, ohne Rücksicht darauf, ob sie den ganzen Tag lang geschwitzt haben oder erst eine Stunde vor Feierabend angeheuert wurden. Das ist gegen alle herkömmlichen Prinzipien des Arbeitsmarkts. Aber unser *Common Sense* sagt uns, dass die zuletzt Gekommenen ja nichts dafür können, dass sie nicht schon früher Arbeit gefunden haben. Und wie sollten sie ihren Familien am Abend Brot heimbringen können, wenn sie weniger verdienen als den ohnehin jämmerlich niedrigen Taglöhnerlohn? Es mag ja sein, dass sich manche sogar in Gottes Haushalt besondere Verdienste erwerben können – sie haben eben mehr Talente erhalten und mehr daraus machen können. Aber ist letzten Endes nicht alles Geschenk, sogar der Umstand, dass es uns überhaupt gibt? Die Antwort darauf hat schon Augustinus gegeben: „*Alles* ist Gnade."

In der neuen Weltordnung ist das Leben nicht Mühsal, sondern Fest

Der *Common Sense* steckt wie Sprengstoff in jedem Gleichnis. Sobald der Funke überspringt, sprengt unsere neue Einsicht den Rahmen des bisher allgemein Selbstver-

Blühe da, wohin du gepflanzt bist.
Englisch

ständlichen. Sogar die althergebrachte Vorstellung, wir müssten „Gott dienen“, wird dabei zerstört. Es mag uns noch so sehr in Fleisch und Blut übergegangen sein, dass

unsere Beziehung zu Gott eine Beziehung von Dienern zu ihrem Herrn und König ist – Jesus setzt den Hebel des *Common Sense* an, legt die Weiche um und lenkt uns auf ein ganz anderes Gleis. Bezeichnen wir Gott nicht als Vater? „Was meinst du, Simon, von wem erheben die Könige dieser Welt Zölle und Steuern? Von ihren eigenen Kindern oder von den anderen Leuten? Als Petrus antwortete: Von den anderen!, sagte Jesus zu ihm: Also sind die Kinder frei. Damit wir aber bei niemandem Anstoß erregen, geh an den See und wirf die Angel aus; den ersten Fisch, den du heraufholst, nimm, öffne ihm das Maul und du wirst ein Vierdrachmenstück finden. Das gib den Männern als Steuer für mich und für dich“ (Matthäus 17,25-27). Ihr seid also Königskinder: Ihr seid steuerfrei!
Sobald wir uns dessen bewusst werden, fühlen wir uns frei. Wir müssen nicht mehr mühsam möglichst gute Leistungen für Gott erbringen, sondern können ihm jetzt aus Freude Geschenke machen. Denn, so schärfte Paulus den Römern ein, „ihr habt nicht einen Geist empfangen, der euch zu Sklaven macht, sodass ihr euch immer noch fürchten müsstet, sondern ihr habt den Geist empfangen, der euch zu Söhnen und Töchtern macht, den Geist, in

dem wir rufen: Abba, Vater!" (Römer 8,15) Was uns der *Common Sense* da eingibt, ist wie Wein, der in den Kopf steigt. Würde es jemandem einfallen, solchen Wein in alten Schläuchen zu lagern? Falls er es tut, „zerreißt der junge Wein die Schläuche; der Wein ist verloren und die Schläuche sind unbrauchbar" (Markus 2,22).

Leider haben die Christen schon von Anfang an trotzdem immer wieder gerade das versucht: den neuen Geist in die alten Formen zu zwängen. Was dabei regelmäßig herauskommt, sind Kompromisse, ist Flickwerk. Aber „niemand näht ein Stück neuen Stoff auf ein altes Kleid; denn der neue Stoff reißt doch vom alten Kleid ab und es entsteht ein noch größerer Riss" (Markus 2,21). Kirchliche Institutionen haben das seit zweitausend Jahren trotzdem immer wieder versucht und es ist Riss um Riss entstanden – eben weil sie sich auf Flickwerk eingelassen haben.

Ein anschauliches Beispiel dafür ist das Fasten als religiöse Verpflichtung. Freiwilliges Fasten kann Leib und Geist gesund erhalten. Es gibt viele gute Gründe für das Fasten, aber wer durch Fasten Gottes Liebe verdienen will, ist auf dem Holzweg, selbst wenn er sich noch so viel Mühe gibt. Die Liebe Gottes muss man sich – genau wie die Liebe seiner Mutter – nicht verdienen; man kann sie einfach dankbar feiern. So jedenfalls hat Jesus das gesehen. Er fastete nicht, ja man nannte ihn sogar einen „Fresser und

Säufer“ (Matthäus 11,19). Sein Lieblingsbild für jenes „Leben in Fülle“, um das es ihm ging, war das eines großen Festmahls, eines königlichen Hochzeitsfestes, zu dem alle – Arme und Reiche, Würdige und Unwürdige – geladen sind. „Können denn Hochzeitsgäste fasten?“ (vgl. Lukas 5,34) Jesus wollte seine Jünger nicht in enge religiöse Verpflichtungen eingebunden sehen, sondern sie sollten frei sein zum Feiern. Aber schon bald führten diese das Fasten wieder ein, und zwar mit der Begründung, Jesus, der Bräutigam sei ihnen ja genommen worden (vgl. Matthäus 9,15), obwohl das gleiche Evangelium ihn sagen lässt: „Seid gewiss, ich bin bei euch alle Tage bis zum Ende der Welt“ (Matthäus 28,20). In diesem Fall siegte genau wie auch in vielen anderen Fällen der religiöse Zwang über den freien Geist der Botschaft Jesu. Dennoch müssen wir der gleichen Kirche, die an dieser Verengung schuld ist, dafür dankbar sein, dass sie uns die Botschaft Jesu in all ihrer Weite und Großherzigkeit überliefert hat, sodass immer wieder der *Common Sense,* der Pfingstgeist, der das ganze Haus erfüllt (vgl. Apostelgeschichte 2,2), die engen Formen sprengen kann.

In einem wenig beachteten Gleichnis macht Jesus sich lustig über die Spannung zwischen asketischem Abmühen und Feiern in der Freude des Heiligen Geistes. Man könnte es das Gleichnis vom leer stehenden Haus nennen

Wenn du den Esel besuchst,
sprich nicht von Ohren.
Afroamerikanisch

(Matthäus 12,43-45). Hier ist die klassische Gleichnisform nicht erhalten geblieben, aber wir können sie mühelos wiederherstellen.

Der erste Schritt besteht aus der Frage: Wisst ihr nicht, was mit einem Haus passiert, das man putzt und schmückt und dann leer stehen lässt? Stellt euch zum Beispiel ein kleines Ferienhaus im Wald oder an einem See vor. Das hat einer vielleicht unverhofft geerbt. Er träumt begeistert von den Festen, die er darin feiern wird, und verbringt jede freie Stunde damit, es herzurichten. Aber als er gerade alles tipptopp in Stand hat, verlieren seine Kinder das Interesse daran. Ihm selbst kommt auch dauernd alles Mögliche andere dazwischen. So geht es ein Wochenende ums andere. Was wird er vorfinden, wenn er endlich wieder einmal hinfährt? Die Antwort lautet: Das Haus wird verstaubt und muffig sein, Mäusedreck wird herumliegen, überall werden Spinnweben hängen. Diese Antwort ist schon der zweite Schritt im Dreier-Schema der Gleichnisse. Ich habe hier nur die Bildersprache modernisiert und die bösen Geister, die Matthäus herumspuken lässt, durch Mäuse und Spinnen ersetzt. Der springende Punkt bleibt derselbe: Ein Haus, das leer steht – und „leer" ist hier das entscheidende Wort –, wird am Ende schlimmer aussehen als damals, bevor der Mann sich so viel Mühe gegeben hat, es in Stand zu setzen und

Dreht sich ein Mühlstein auch tausendmal,
er kehrt immer zum Anfang zurück.
Chinesisch

schön einzurichten. Das sagt uns doch unser gesunder Menschenverstand, unser *Common Sense.*

Daraus ergibt sich jetzt der dritte Schritt, nämlich die unausgesprochene, aber umso klarere Frage: Warum verschwendet ihr so viel Mühe darauf, euer inneres Haus zu reinigen und auszuschmücken, wenn es euch doch nie in den Sinn kommt, dann auch die Feste zu feiern, für die dieses Haus – euer Herz – geschaffen ist?

Wieder einmal dürfen wir belustigt über uns selbst den Kopf schütteln: Da stößt uns der *Common Sense* auf eine Wahrheit, die wir in unserem Innersten sehr wohl kennen, aber trotzdem setzen wir sie nicht in die Tat um. Die einzige Rechtfertigung für unsere asketische Putzwut ist doch das Feiern – und zwar nicht später einmal, sondern hier und jetzt. Bereits die Askese sollte eine frohe Feier sein, genau wie ja auch ein Fest bereits fröhlich vorbereitet werden kann.

So haben es zahllose Christen jahrhundertelang auch gehalten und viele tun es noch heute. Bei ihnen sind im Haus der Askese alle Fenster festlich erleuchtet. Sie feiern das große Hochzeitsfest schon jetzt, trotz aller Not, trotz aller Verfolgung, die sie um ihrer Überzeugung willen erleiden.

„Das große Hochzeitsfest" – sind wir diesem Thema nicht schon am Anfang unserer Überlegungen über den *Com-*

mon Sense begegnet? Doch, und zwar als vom Waldrand die Rede war, an dem wir im Summen und Singen von Insekten und Vögeln die Festmusik einer großen Feier vernehmen. Hier, wo es um unser Miteinander als Menschen geht, dürfen wir nichts von dem vergessen, was uns dort Tiere und Pflanzen gelehrt haben; wir müssen lediglich noch die uns Menschen eigenen Werte hinzufügen, vor allem diejenigen der Freiheit und Verantwortung. Unser *Common Sense* wird uns helfen, die Kultur, die wir als Menschen aufbauen, mit dem großen kosmischen Hochzeitsfest in Einklang zu bringen. Darauf hin ist alles angelegt; darum „geht es bei diesem ganzen Spiel" und schon allein das ist eine Frohe Botschaft.

Was dem *Common Sense* im Weg steht

Die Wahrheit zu sagen ist keine Sünde,
aber es bringt viel Ärger ein.
Mexikanisch

Ein Kind, ein Betrunkener und ein Narr
sagen die Wahrheit.
Ungarisch

Sehen ist Glauben,
doch Fühlen ist Gottes eigene Wahrheit.
Irisch

Die Wahrheit hat alle Vorzüge des Schwindelns
ohne dessen Nachteile.
Holländisch

Kinder sprechen mit Gott.
Setswana, südliches Afrika

Ein Kind, das Fragen stellt, ist nicht dumm.
Ewe, Westafrika

Ein hübsches Kind hat viele Namen.
Ungarisch

Ehre ein Kind und es wird dich ehren.
Ila, südliches Afrika

Kinder sind die Weisheit der Nation.

Jabo, Westafrika

Käme Jesus heute wieder, wäre er wahrscheinlich entsetzt darüber, was wir aus der Bewegung gemacht haben, zu der er den Anstoß gegeben hat. Würde er überhaupt noch erkennen, dass das Christentum tatsächlich auf ihn zurückgeht? Wäre er bitter enttäuscht? Ich bin mir ziemlich sicher, dass er sich eher bei den Umweltschützern zu Hause fühlen würde als in den meisten christlichen Kirchen – vom Vatikan ganz zu schweigen. Das sollte uns aber nicht wundern. Anderen großen Lehrern der Vergangenheit würde es kaum besser ergehen. Laotse müsste in daoistischen Tempeln wohl lange nach Lebenszeichen des Dao suchen und hätte wohl kaum großen Erfolg und Heraklit käme sich wahrscheinlich an jeder philosophischen Fakultät so fehl am Platz vor wie der sprichwörtliche Fisch außerhalb des Wassers. Aber trotzdem haben diese drei großen Lehrer auch heute noch begeisterte Jünger. Jesus würde auch heute in den christlichen Kirchen und weit darüber hinaus Menschen finden, in denen sein Geist lebendig ist, weil sie seine Botschaft zutiefst verstehen. Sie lassen ihr Leben vom *Common Sense* leiten oder, traditioneller ausgedrückt, sie lassen sich „vom Geist Gottes leiten“ (Römer 8,14).

Menschen, die sich für die Umwelt einsetzen, sind bereit, sich vom *Common Sense* leiten zu lassen, selbst wenn sie diesen Ausdruck gar nicht kennen. Sie lassen sich von

Hast du es eilig,
nimm den längeren Weg.
Japanisch

engstirnigen Autoritäten, die die Ausbeutung und Verwundung der Natur dulden, nicht einschüchtern. Für sie ist eine höhere Autorität maßgebend: die Autorität, die den kosmischen Haushalt steuert. Solche Menschen sind aus dem engen Bereich der vorherrschenden öffentlichen Meinung ausgebrochen und fühlen sich im weiten Haus der Natur beheimatet. Das gibt ihnen eine große innere Weite und Freiheit. Dieses Gefühl kennen wir alle: Wir spüren, wie sich schon rein physisch unser Brustkorb weitet und wir freier atmen, wenn wir von hoch oben in ein Tal hinunterschauen oder vom Bug eines Schiffes aus weit hinaus aufs Meer. In solchen Augenblicken wird uns bewusst, dass wir in eine Familie hineingeboren sind, der alle Lebewesen angehören. Nur in diesem großen Haushalt Makrokosmos sind wir zutiefst zu Hause; nur aus dieser Zugehörigkeit fließt uns unser tiefster menschlicher Friede zu.

Was ist es nur, das uns dazu bewegt, dieses unser weites Haus gegen enge Verhältnisse einzutauschen, in denen wir uns kaum frei bewegen können? Ich bemühe mich schon sehr lange um eine Antwort auf diese Frage. Es muss ja eine erstaunliche Kraft sein, die es fertig bringt, uns unser wahres Zuhause so gut wie vergessen zu lassen und uns in derart beengte Lebensverhältnisse einzusperren. Ich kann es mir nur so erklären, dass ausgerechnet unser kosmisches Heimweh, diese Sehnsucht, allzu leicht zur Sucht nach einer ganz engen Zugehörigkeit wird. Entsteht auf ähnliche Weise nicht jede Sucht? Besteht Sucht nicht immer darin, auf etwas tatsächlich Erstrebenswertes aus zu sein, sich aber zu früh und mit Vorletztem zufriedenzugeben? Je höher der Wert, desto stärker ist die Sehnsucht und desto stärker kann auch die Sucht werden, die uns fesselt, indem sie uns vortäuscht, wir hätten das Ziel schon erreicht. So sehnt sich etwa jemand nach Frieden und Gemeinschaft, findet in der Kneipe um die Ecke ein wenig Befriedigung und ein paar Trinkgenossen und bleibt dann dort hängen. Ähnlich verhält es sich, wenn uns unser Heimweh nach letzter Zugehörigkeit in irgendeine Gemeinschaft führt, die diese Sehnsucht ein Stück weit erfüllt, uns dann aber zugleich wie Süchtige an eine begrenzende Zugehörigkeit bindet. Dann bleiben wir in einem Haus hocken, das für unseren *Common Sense* viel zu eng ist. Darin laufen wir Gefahr,in engstirnigen Patriotismus zu verfallen, in Provinzdenken, Gruppenegoismus, Parteilichkeit, bürgerlichen oder kirchlichen Konservatismus und dergleichen mehr.

Aber seien wir nicht zu streng mit uns selbst. Sich auf etwas zu Kleinkariertes einzulassen ist eine ständige Versuchung und die Versuchung in die andere Richtung ist genauso groß: rastlos immer nur im Suchen zu bleiben und sich auf nichts endgültig einzulassen. In jedem von uns steckt einer, der sesshaft werden möchte, und einer, der suchend unterwegs bleiben will. Hinter beiden Antrieben steckt ein Stück Angst. Der Sesshafte hat Angst vor Veränderung; der Sucher und Entdecker hat Angst vor Langeweile. Als Abenteurer können wir derart vom Suchen besessen sein, dass wir auf keinen Fall etwas finden wollen, denn damit hätte ja unser Suchen ein Ende. Als Sesshafte dagegen können wir so sehr auf das Finden aus sein, dass wir das Suchen vorschnell abbrechen.

In Wirklichkeit sind wir dazu bestimmt, Pilger zu sein. Im Pilgern sind der Sesshafte und der Sucher vereint. Pilger brauchen zweierlei Art von Mut: den Mut des Abenteurers, über das Vertraute hinauszugehen, und den Mut des Sesshaften, sich in der Gegenwart daheim zu fühlen. Auf einer Pilgerfahrt ist jeder Schritt schon ein Ziel und jedes Ziel kann sich wiederum als Schritt auf einem Weg erweisen, der immer wieder weiter führt. Als Pilger müssen wir überall und zugleich nirgends daheim sein; genau aus diesem Grund dürfen wir uns an nichts endgültig klammern.

Dieses Anklammern ist unser eigentliches Hindernis auf der Pilgerfahrt durchs Leben. Wir klammern uns immer dann spontan an etwas, wenn wir Angst haben. Das ist ein naturgegebener und gesunder Reflex. Wenn sie er-

Einer allein kann nicht streiten.
Afroamerikanisch

schreckt werden, versuchen bereits neugeborene Kinder, sich mit Armen und Beinen an die Mutter zu klammern. Dieser Instinkt resultiert womöglich aus einer Zeit, in der es überlebenswichtig war, sich an die Mutter zu klammern, die von Ast zu Ast sprang. Diesen Instinkt behalten wir zeitlebens bei. Sobald Gefahr droht, greifen wir nach etwas und klammern uns daran, nicht nur physisch, sondern auch mental. Alles Neue wirkt zunächst immer gefährlich. Wir brauchen eine gewisse Zeit, um unsere rein instinktive Reaktion überwinden zu lernen. Wollen wir reifer und weiter werden und neues Gelände betreten, dann müssen wir zwangsläufig lernen, Altes und Vertrautes loszulassen.

Die meisten von uns leben vor ihrer Geburt in vollkommenem Einssein mit der Mutter. Trotzdem müssen wir diese vollkommene Gemeinschaft loslassen und wir selbst werden, bevor wir auf einer neuen, höheren Ebene die Einheit wieder finden. Und jedes Mal, wenn wir wieder einen Schritt weiter in eine neue und umfassendere Gemeinschaft gehen, ist das wieder eine Art Geburt mit nicht weniger Schwierigkeiten und Schmerzen als bei unserer ersten Geburt. Dabei macht uns das Loslassen ebenso große Angst wie der Umstand, dass wir das ganz allein tun müssen. Wir brauchen großen Mut, um die mentalen Grenzen derer zu verlassen, in deren Gemeinschaft wir

Bevor du heiratest, halte beide Augen offen.
Hast du geheiratet, kneif ein Auge zu.
Afroamerikanisch

uns bisher zu Hause gefühlt haben, und uns in Richtung weiterer, unbekannter Horizonte aufzumachen. Unser größtes Hindernis ist dabei die Angst: die Angst, unsere Freunde zu verlieren, ausgelacht zu werden, abgelehnt zu werden, ganz alleine dazustehen. Wenn wir diese Angst nicht überwinden können, klammern wir uns an die nächstbeste Gemeinschaft, die uns aufnimmt, und werden am Ende süchtig nach ihr. Natürlich gestehen wir uns diese Sucht nicht ein, sondern finden immer neue Rechtfertigungen für die Ideologie unserer Gruppe, ganz gleich, ob sie erz-reaktionär oder erz-revolutionär oder irgendetwas dazwischen ist. Wir Menschen haben eine ebenso große Begabung zur Selbsttäuschung, wie jede Gruppe die Fähigkeit hat, einen gewaltigen Anpassungsdruck auf ihre Mitglieder auszuüben – oft ohne dass diese es überhaupt merken.

Vielen Menschen ist das ängstliche Anklammern an die soziale Gemeinschaft – als Ersatzmutter – zur Sucht geworden. In der Folge können Machthaber jungen Menschen, die absolut nichts gegeneinander haben, befehlen, sich gegenseitig umzubringen. Unser *Common Sense* lehnt sich zwar dagegen auf, aber nur wenige wagen es, auf diesen Wahnsinn hinzuweisen – und diese bezahlen ihren Mut dann oft teuer. In Wirklichkeit kennt das große Haus, in dem wir alle wohnen, keine Grenzen, um derentwillen man sich gegenseitig verstümmeln und abschlachten dürfte. In diesem Haus gehört alles allen gemeinsam. Unser *Common Sense* sieht das ganz klar, aber wir sind zu feige, um dafür einzutreten.

Auch Feigheit ist ein Ausdruck von Süchtigsein. Die Anonymen Alkoholiker gestehen sich ihre Sucht gegenseitig ein und machen einander Mut, sie im Zaum zu halten. Entsprechend brauchten wir eine weltweite Vereinigung Anonymer Feiglinge. Es ist dringend notwendig, dass wir uns gegenseitig im *Common Sense* bestärken. Unser Überleben hängt davon ab, denn nur als geeinte Menschheitsfamilie haben wir reelle Zukunftschancen. Stattdessen aber unterstützen wir uns gegenseitig im Selbstbetrug so wie die Bürger in Hans Christian Andersens Märchen „Des Kaisers neue Kleider“. Da brauchten nur zwei Schwindler zu behaupten, die Kleider, die sie für den Kaiser anfertigten, hätten die Eigenschaft, dass niemand sie sehen könne, der für sein Amt ungeeignet und über alle Maßen dumm sei – und schon traute sich kein Mensch mehr zuzugeben, dass ihm der Kaiser nackt vorkomme. Angefangen vom Kaiser selbst behauptete jeder zu sehen, was gar nicht da war, ja äußerte sogar noch seine Bewunderung für die Pracht der königlichen Kleider. In dieser gemeinsamen Lüge bestärkte einer den andern und der Kaiser stolzierte in seinen vorgetäuschten Kleidern splitternackt vor dem Volk herum. Schließlich rief ein kleines Kind: „Der hat ja gar nichts an!" „Kinder und Narren sagen die Wahrheit", wie es im Sprichwort heißt. Warum sollten sie es auch nicht tun? Sie kennen die Gefahren ja nicht, die dem *Common Sense* in einer verlogenen Welt drohen. „Wenn ihr nicht werdet wie die Kinder" (Matthäus 18,3), werdet ihr nie die Barrikaden durchbrechen, die von Lüge und Feigheit errichtet sind, um euch aus eurem wahren, grenzenlosen Zuhause zu verbannen. Nur der *Common Sense* macht euch frei.

Wie sich *Common Sense* bewusst kultivieren lässt

Jemand ohne Freund
ist wie die rechte Hand ohne die linke.
Bosnisch

Sind Freunde beisammen,
schmeckt selbst Wasser süß.
Chinesisch

Einen treuen Freund
halte mit beiden Händen fest.
Nigerianisch

Ein Freund in der Not
ist ein wahrer Freund.
Englisch

Ein freundliches Gesicht
ist besser als Kisten voller Gold.
Arabisch

Blase das Streichholz nicht aus,
bevor die Kerze brennt.
Afroamerikanisch

Lass den Falken nicht los,
bevor du den Hasen siehst.
Chinesisch

Wirf den alten Eimer nicht weg,
bevor du nicht sicher weißt,
ob der neue das Wasser hält.
Schwedisch

Einmal selber sehen ist mehr wert,
als hundert Neuigkeiten hören.

Japanisch

Denken wir an unser Lieblingsmusikstück. Was empfinden wir, wenn wir uns diese Musik anhören? Beginnt da nicht tief in unserem Inneren etwas mitzuschwingen? Vielleicht wird das Mitschwingen manchmal sogar derart intensiv, dass wir die Musik „nicht mehr hören, sondern selbst diese Musik sind, solange sie fortklingt", wie es T.S. Eliot in seinem Gedicht „Four Quartets" ausgedrückt hat. Musik erfahren heißt, in ihr mitzuschwingen; heißt eingestimmt zu sein auf die Schwingungen einer Wirklichkeit, die unsere kleinen menschlichen Belange übersteigt und umfängt. Die Weisen der Antike sprachen nicht ohne Grund von der Musik der Sphären. Unser kosmisches Haus ist von Schwingungen erfüllt, in denen alles Lebendige harmonisch zusammenklingt und in die wir uns einstimmen können. *Common Sense* ist ein Verstehen durch Mitschwingen auf der gleichen Wellenlänge. Er ist ein *Sinnes*vermögen wie Hören, Schmecken oder Riechen, das wir genau wie unsere anderen Sinne bewusst kultivieren können. Manche Menschen haben ihren Geschmackssinn derart verfeinert, dass sie angeben können, auf welchem Boden die Trauben eines bestimmten Weins gewachsen sind. Mit jenem Sinn, den wir im Englischen *common* nennen, können wir in allem, was wir erfahren, den Boden „schmecken", in dem wir alle wurzeln. Jedes Kind kommt bereits mit diesem Sinn auf die Welt.

Aus Unkraut machen die Bienen
Honig im Überfluss.
Portugiesisch

Unseren Sinn für das Gemeinsame, den *Common Sense*, zu pflegen und zu verstärken ist eine Aufgabe, die sich uns unser Leben lang stellt. Auf drei Aspekte dieser Aufgabe möchte ich hinweisen: Wir sollen uns auf die Natur einstimmen, ein Netzwerk gegenseitiger Förderung und Unterstützung aufbauen und lernen, Autoritäten zu hinterfragen.

Auf diesen Gebieten den *Common Sense* zu kultivieren ist nicht nur eine Aufgabe, sondern zugleich eine lebenslang sprudelnde Quelle der Freude. Nichts schenkt uns tiefere Freude, als wenn unser Herz immer weiter wird und sich unser Bewusstsein dafür vertieft, dass wir durch und durch der Erde angehören. Rainer Maria Rilke schrieb in seiner neunten Duineser Elegie in ekstatischer Begeisterung: „Erde, du liebe, ich will! ... Namenlos bin ich zu dir entschlossen." Sein Herz so zu öffnen wirkt heilend. Wir alle haben diese Heilung dringend nötig, denn wir sind in vielerlei Hinsicht „verstimmt". Mit uns Menschen stimmt etwas nicht mehr. Wir sind krank und machen mit unserer Gier und Ausbeutung die ganze Natur krank und verseuchen sie. Trotzdem aber bleibt uns die Möglichkeit, aus dem lebendigen Quell noch gesunder Natur zu trinken und uns und unsere Gesellschaft davon heilen zu lassen. Weil wir Menschen unseren *Common Sense* nicht mehr gebraucht haben, sind wir aus eigener Schuld im

Kosmos zu Gesetzesbrechern und Ausgestoßenen geworden. Unsere dringendste Aufgabe besteht darin, uns wieder zu unserer Verwandtschaft mit der Natur zu bekennen.

In diesem Zusammenhang fällt mir ein junger Mann ein, dem ich ein solches heilendes Erlebnis verdanke. Ich begegnete ihm, als er per Anhalter durch New Mexico reiste und ich ihn ein paar hundert Kilometer weit mitnahm. Er erzählte mir mit solcher Begeisterung von einer heißen Quelle, die in der Wildnis der Waldberge zu finden sei, dass ich mir die Zeit nahm, nach ihr zu suchen. Er hatte mir den Weg gut beschrieben, aber es war schon dunkel, als ich schließlich hinfand. Vom steilen Fußpfad aus konnte ich schon aus einiger Entfernung das Licht einer Laterne zwischen den Baumstämmen erkennen und dann im Dunst, der vom Wasser aufstieg, die Körper von ein paar Badenden. In der Stille der Nacht hörte ich das Sprudeln eines kleinen Wasserfalls, der von einer Klippe in das Felsbecken fiel, das sich das Wasser selbst geschaffen hatte. In der kalten Nacht in dieses heiße Bad zu steigen, mich im Wasser zurückzulehnen und über mir die Sterne zu sehen war ein Naturerlebnis, das ich nie vergessen werde. Es war wie ein Zurückkehren in den Mutterschoß.

Wenn wir uns der Heilkraft der Natur aussetzen wollen, müssen wir aber nicht unbedingt an einen weit entfernten traumhaften Ort reisen. Es kommt nicht auf eine geografische Veränderung an, sondern auf eine Veränderung unserer inneren Einstellung. Wer im Herzen abgestumpft ist, trägt in jede noch so unberührte Naturlandschaft Lärm und Unrat; wessen Herz dagegen auf die Sprache der Natur eingestimmt ist, dem kann sie selbst noch im armseligsten Stadtpark heilende Kraft schenken. Dann kann schon ein einziger Baum in einem Hinterhof, ja das Unkraut am Rand eines Parkplatzes von Geduld, Mut und Ausdauer sprechen, ja mehr noch: uns daran teilhaben lassen. Voraussetzung ist lediglich, dass wir im Herzen dafür offen sind. Es gibt kaum einen Ort, an dem man nicht ganz leicht etliche Spatzen um sich versammeln kann, indem man ihnen ein paar Brotkrümel zuwirft. Wer sich einsam fühlt, aber offenen Sinnes ist, dem können diese kleinen Schwestern und Brüder in ihren grauen und braunen Federkutten sagen, dass er nicht allein ist. Sogar die gefangenen Tiere im Zoo, so schmerzlich es ist, sie in Käfige eingesperrt zu sehen, können uns Heilendes, Tröstliches sagen, wenn wir nur hinhorchen.

Als Jugendlicher schlenderte ich einmal durch einen kleinen Zoo mit nur ein paar Käfigen am Rand eines großen Parks – ich glaube, er war eigentlich bloß für Kinder gedacht. Es war schon Abend, niemand war mehr da und auch die Tiere schienen sich schon in ihre Schlafplätze

Die kleinen Hölzer
zünden die großen an.
Arabisch

zurückgezogen zu haben. Da sah ich plötzlich hinter den Gitterstäben einen riesigen Gorilla kauern. Sein altes Gesicht trug tiefe Furchen und wir schauten einander in die Augen. Sein Blick zog mich in seinen Bann. Unser wortloser, regloser Austausch mag eine Stunde oder länger gedauert haben. Damals war ich noch zu jung, um schon wirklich die Weisheit erfassen zu können, an die er mich rühren ließ. Jetzt, da ich viel älter bin, muss ich sehr oft an diese Begegnung denken. Für mich geht diese innere Kommunikation mit dem Gorilla immer noch weiter. Diesem Alten aus der Tierwelt, der so viel Weisheit ausstrahlte, bleibe ich in Dankbarkeit verbunden.

Auch Naturfilme im Fernsehen können uns eindrucksvolle Erlebnisse schenken. Sie können unser Bewusstsein dafür wecken, dass wir mit allen Lebewesen eng verwandt sind. Leider liefern diese Filme oft eine viel zu schnelle Abfolge von Bildern und sind nur auf das Naturwissenschaftliche konzentriert, statt etwas von der Langsamkeit und Gelassenheit zu vermitteln, die für eine echte Begegnung mit der Natur nötig sind. Zudem sprechen sie vorwiegend unsere Wissbegier an und vermitteln nur selten jene Ergriffenheit, die uns ein tieferes Verständnis für das Gesehene eröffnet. Daher müssen wir bewusst eine poetische, meditative Aufgeschlossenheit für die Natur kultivieren. Zur Einübung in diese stillere Begegnung eignen

Man kann noch so früh aufstehen,
es wird nicht eher Tag.
Spanisch

sich wahrscheinlich Naturfotos in Büchern und Kalendern besser. Mit ihnen können wir üben, lange und achtsam mit dem Herzen zu schauen und auf diese Weise mehr als das zu sehen, was unsere Augen aufnehmen. Je mehr uns das gelingt, desto inniger werden wir mit der für unsere Ohren unhörbaren Musik mitschwingen, zu der Spiralnebel und Mückenschwärme tanzen, die den Rhythmus unseres eigenen Pulsschlags bestimmt und die den bescheidensten Kohlkopf zu dem macht, was er ist. Unsere erhabensten Ideen und kühnsten Planungen werden nur dann heil und heilbringend sein, wenn sie mit dieser Musik des Kosmos in Harmonie – und das heißt, vom *Common Sense* getragen – sind.

Je tiefer wir uns in die Harmonie der Natur einstimmen und ein Gespür dafür entwickeln, dass wir alle einer einzigen großen kosmischen Familie angehören, desto deutlicher werden wir aber auch wahrnehmen, in wie großer Disharmonie zur Natur unsere heute vorherrschende Gesellschaft lebt. Je mehr wir uns im Kosmos zu Hause fühlen, desto schmerzlicher wird unser Unbehagen an der Kultur, die heute den Lauf der Welt bestimmt. Den Wald erleben wir als eine große Lebensgemeinschaft, zu der auch wir gehören. Die meisten unserer Zeitgenossen meinen aber genauso sicher zu wissen, dass der Wald uns gehört und wir damit tun können, was uns gefällt. Wer

Ehrfurcht vor dem Wald empfindet und mit dieser Einstellung in unserer heutigen Gesellschaft überleben möchte, wird das kaum vollbringen, wenn er nicht wenigstens eine Handvoll Gleichgesinnter findet. Mit etwas
Glück finden wir tatsächlich Weggefährten, die uns in unserem *Common Sense* bestärken. Die für uns wirksamste Hilfe kann jedoch auch von Menschen kommen, denen wir persönlich nie begegnen, etwa von Autoren von entsprechenden Büchern oder Kommentatoren im Rundfunk oder im Fernsehen oder von Menschen, die wir nur über das Internet kennen. Ohne eine solche Unterstützung durch andere fühlen wir uns mit unseren Fragen und Einwänden gegen vorherrschende Ansichten und Verhaltensweisen sehr bald ganz alleingelassen.

Unterstützung ist nicht immer das Gleiche wie Übereinstimmung. Freunde unterstützen uns auch dadurch, dass sie uns im Namen des *Common Sense* in mancher Hinsicht infrage stellen. Wir müssen lernen, nicht nur auf die Stimme des *Common Sense* in uns selbst zu hören, sondern auch auf andere, die diese Stimme anders hören und anders interpretieren. Nur dieses zweifache Hinhorchen kann uns vor Selbsttäuschung bewahren. Wie hellhörig mein Herz ist, erweist sich am überzeugendsten an der Hellhörigkeit meiner Ohren. Der beste Test dafür, ob etwas wirklich dem *Common Sense* entspricht, besteht in der gründlichen Aussprache mit anderen. Erst wenn man dabei zum Konsens findet, ist der *Common Sense* wirklich ein gemeinschaftlicher Sinn: ein gemeinsames Empfinden, eine gemeinsame Überzeugung. Zum Konsens führt kein kurzer und schneller Weg; aber selbst eine lange und mühsam zu gehende Straße dorthin ist die Mühe des Weges wert.

Eine Entscheidung durch Mehrheitsbeschluss verhält sich zum Konsens wie ein Parademarsch zum Walzertanzen. Tänzer müssen auf ein und dieselbe Musik hören. Aus diesem Grund müssen wir immer wieder die Frage stellen, ob wir alle auf ein und dieselbe Autorität hören und ihr gehorchen wollen und ob das so richtig ist.

Ich war zwölf, als Hitler in Österreich einmarschierte, und meine Jugend, so glücklich sie war, verlebte ich unter dem Schatten des Hakenkreuzes. Das hat mich früh gelehrt, Autoritäten zu hinterfragen; ich lernte zu fragen: „Wer sagt denn das?" Auch heute, fast ein Dreivierteljahrhundert danach, kann es ebenso hilfreich sein, angesichts dessen, was man etwa bei den Abendnachrichten hört, die Frage zu stellen: „Wer sagt denn das?" In wessen Interesse ist es, dass man uns gerade jetzt diese Information, mit diesen Worten und unter diesem Gesichtspunkt, auftischt? „Wenn wir damals gelebt hätten, wären wir kritischer gewesen und hätten das alles hinterfragt" – diese

Aussage heutiger Menschen macht mich skeptisch. Wer heute die gängigen Autoritäten nicht infrage stellt, hätte es wahrscheinlich auch damals nicht getan. Es gibt keinen Moment, keinen Ort und keinen Umstand, in dem wir es uns leisten könnten, nicht mit der Frage zu leben, ob das, was wir denken und tun, vor der Autorität des *Common Sense* bestehen kann. Immer wieder gerade das kritisch zu hinterfragen, was uns am verlässlichsten vorkommt, ist für uns alle genauso wichtig, wie es für Astronauten wichtig ist, ihre technischen Geräte immer wieder gründlich zu überprüfen.

Aufs Ganze gesehen und in jedem ihrer Abschnitte hat die Menschheitsgeschichte manche Ähnlichkeit mit einer Weltraumfahrt. Für unsere Zeit dürfte der Vergleich aber besonders treffend sein. Wir bewegen uns mit ständig wachsender Beschleunigung in Richtung einer Zukunft, von der wir nur wissen, dass sie sich ständig rasch verändert.

Da darf es uns zur Beruhigung gereichen, dass der *Common Sense* – in der Bedeutung des dem ganzen Kosmos gemeinsamen Richtungssinns – die Welt schon durch unvorstellbare Zeiträume hindurch von Veränderung zu Veränderung gelenkt hat, bevor wir Menschen überhaupt da waren. Die Veränderung können wir nicht aufhalten, mag uns das recht sein oder nicht. Wir können aber versuchen,

Schreite dann über eine Brücke,
wenn du sie erreichst.
Arabisch

so im Sinn des *Common Sense* zu leben, dass die Veränderungen, für die wir und unsere Gesellschaft verantwortlich sind, im Einklang mit dem Leitprinzip des Universums stehen, nämlich mit dem *Dao,* dem *Logos* oder jener Liebe, von der Dante schrieb, dass sie „die Sonne bewegt und alle Gestirne des Himmels“.